UR

Colombia frente a la globalización

Análisis retro-prospectivo

Colombia frente a la globalización

Análisis retro-prospectivo

Ivarth Palacio Salazar

COLECCIÓN TEXTOS DE ADMINISTRACIÓN

ISBN: 978-958-738-155-9

Primera edición: Bogotá D.C., diciembre de 2010
Coordinación editorial: Editorial Universidad del Rosario
Corrección de estilo: Gabriela de la Parra M.
Diseño de cubierta: Lucelly Anaconas
Diagramación: Precolombi EU-David Reyes
Impresión:
Editorial Universidad del Rosario
Carrera 7 N° 13-41, oficina 501 • Teléfono 297 02 00, ext. 7724
Correo electrónico: editorial@urosario.edu.co

Colombia frente a la globalización. Análisis retro-prospectivo / Palacio Salazar, editor.
— Facultad de Administración, Universidad Colegio Mayor de Nuestra Señora del Rosario.
Bogotá: Editorial Universidad del Rosario, 2010.
182 p. —(Colección Textos de Administración)

ISBN: 978-958-738-155-9

Colombia – Comercio Exterior / Colombia – Integración Económica / Colombia – Relaciones
Económicas Exteriores / Exportaciones – Colombia / Globalización – Colombia /
Libre Comercio - Colombia / I. Salazar, Palacio / I. Titulo / II. Serie.

337 SCDD 20

Impreso y hecho en Colombia
Printed and made in Colombia

Contenido

Índice de cuadros, gráficas y figuras

Cuadros

Gráficas

Figuras

Dedicatoria

Este libro se lo dedico con todo cariño y amor a las mujeres que han forjado mi vida y que con su ejemplo han hecho de mí un ciudadano de bien y comprometido con la educación de las nuevas generaciones, estas mujeres son mi madre, mi esposa, mis hijas y mis hermanas.

Agradecimientos

Este libro es el resultado de años de trabajo e investigación en los temas relacionados con el comercio internacional, las integraciones económicas y la globalización. Para escribirlo conté con el tiempo que como profesor de la Facultad de Administración del Colegio Mayor de Nuestra Señora del Rosario en Bogotá, Colombia me fue asignado por las directivas de dicha Facultad y por tanto, solo me quedan palabras de agradecimiento para su Decano el doctor Luis Fernando Restrepo Puerta, así como para el Director de Investigaciones, el doctor Ángel Rodrigo Vélez Bedoya porque además fue él quien me impulsó para que lo escribiera pues conoció el material que utilizaba en los cursos que dictaba en pre y post grado, en la Facultad de Administración, sobre Globalización y Competitividad Internacional.

Este agradecimiento y reconocimiento lo hago extensivo a todos mis compañeros y compañeras de la Facultad y del Grupo de Investigación en Perdurabilidad Empresarial (GIPE), así como a los miembros de la Línea de Investigación en Internacionalización de la Empresa (LIIE), quienes en su momento me nutrieron con sus comentarios.

Un reconocimiento y agradecimiento especial lo hago a la estudiante de la facultad, la señorita Nathali Bustamante Roldán, quien además hace parte de la línea de internacionalización por su invaluable apoyo en la preparación de los cuadros, figuras y gráficas que son la base de esta obra.

A todos ellos y en especial al Colegio Mayor de Nuestra Señora del Rosario, mis más sinceros agradecimientos.

Capítulo I
Aspectos generales del comercio internacional

1. Introducción

En los últimos sesenta años, Colombia ha venido repensando lo relacionado con su comercio exterior. En el decenio de los cincuenta del siglo anterior se adhirió al modelo cepalino o de sustitución de importaciones, y diseñó una serie de medidas de política orientadas a proteger vía aranceles a la producción nacional, sin evaluar los costos que ello acarrearía en el mediano y largo plazo, en razón a que los sectores productivos, al verse protegidos, mantenían un *statu quo* que los volvía ineficientes y poco competitivos si las circunstancias los cambiaban.

En el gobierno de Carlos Lleras Restrepo (1966-1970) la dinámica fue diferente, allí se propició un espíritu exportador a los diferentes niveles y sectores, y se implementaron una serie de medidas y acciones de política, varias de las cuales se mantienen hoy en día. Algunas de estas acciones y medidas fueron la devaluación gota a gota para mejorar la competitividad de los exportables; el Plan Vallejo o Decreto 444 para estimular las exportaciones; el CERT, que en el fondo era un subsidio a las exportaciones, y la creación del Fondo de Promoción de Exportaciones (Proexpo) que, como su nombre lo indica, era un fondo para promover las exportaciones colombianas por medio de ferias, conferencias, créditos a los comerciantes y asesorías para la exportación. Estas últimas permitieron montar oficinas de promoción en varios países clave para que, unidas con las embajadas, los consulados y las cámaras de comercio, promovieran los productos colombianos en el exterior.

En 1990, con la llegada a la Presidencia de la República de César Gaviria Trujillo, se inició un proceso más amplio llamado apertura económica. Aunque ya se hablaba de aquel desde hacía varios años, no se le tomó en serio por lo que pareció surgir de repente, entonces muchas empresas de todos los tamaños quebraron o por lo menos fueron fuertemente golpeadas.

El país como un todo, los empresarios, los industriales, los agricultores y los ganaderos tuvieron que ajustar sus procesos y realizar grandes inversiones para mitigar el impacto de la apertura, y lograr una mayor eficiencia que les permitiera, por lo menos, mantenerse en sus negocios hasta lograr niveles de competitividad comparables a los de la competencia externa. Las importaciones en casi todos los sectores se incrementaron considerablemente pues, para tomar un solo sector, el agropecuario, se tuvo que de 800.000 toneladas que se importaban anualmente a finales de los años ochenta, de las cuales casi el 90% era trigo, se pasó a importar más de 8.000.000 de toneladas (10 veces) y una variedad de productos en los que hace apenas dos decenios ni siquiera se pensaba, como por ejemplo el arroz, la leche y otra serie de rubros que otrora eran producidos por los agricultores y ganaderos colombianos, pero de forma ineficiente.

Ahora, después de casi dos decenios de apertura económica, el país se enfrenta a retos aún más grandes que implican aplicar con mucha cautela lo aprendido con aquella, como la denominada globalización. Este fenómeno, que se tratará en el numeral siguiente, va más allá del solo intercambio de mercancías o servicios, pues incluye el libre movimiento de capitales, la transferencia tecnológica, la inversión extranjera, la multidisiplinariedad y la producción de una serie de ítems en varias regiones del planeta —esto es, partes que se producen en unos países y luego se ensamblan en otro—; aquí el tema del conocimiento está compartido, pero se respeta la propiedad intelectual del todo o de las partes.

De acuerdo con este panorama, Colombia puede asumir el nuevo reto que el mundo le impone o quedarse llorando a la vera del camino, observando cómo países con menor dotación de recursos la van superando. Pero como no es esto lo que quieren sus habitantes, desde la academia (un nivel que permite visualizar las potencialidades que se tienen para aprovechar las oportunidades que los nuevos retos deparan, sin perder de vista las amenazas y debilidades que se tienen) se ha preparado este libro, en el cual se recogen una serie de conceptos y cifras que llaman a la reflexión y que, de alguna forma, permiten (o por lo menos así lo cree el autor) que los tomadores de política, bien sea dentro del Gobierno o del sector privado, cuenten con herramientas que les faciliten el análisis para que al adoptarlas, el rumbo del barco vaya en la dirección correcta.

En este primer capítulo se definen una serie de conceptos importantes para entender mejor el libro; en el segundo se hace un análisis del entorno internacional partiendo de la comparación del Producto Interno Bruto Mundial (PIB) y la participación de algunas regiones y países, entre ellos Colombia, así como de sus poblaciones. A su vez, se analiza lo que ha pasado en algunos países (grandes y pequeños, dotados y no dotados de recursos naturales) que han logrado altas tasas de crecimiento en su PIB total, así como en su PIB *per cápita*, para tratar de contestar a la pregunta, ¿si otros lo han logrado, por qué Colombia no?

En el tercer capítulo, denominado "Colombia y el mundo", se parte de la Declaración de Doha y se pasa por los pilares y fundamentos para las negociaciones internacionales del país, según se contempla en el Plan de Desarrollo del primer gobierno del presidente Álvaro Uribe Vélez; cómo es el manejo que los países más desarrollados dan a sus sectores productivos para mantener la competitividad en los mercados internacionales, y qué es lo que le exigen a los menos desarrollados cuando de acuerdos y tratados se habla. Así mismo, se presentan algunas síntesis de los acuerdos y tratados de comercio con los que se ha comprometido Colombia, como la Asociación Latinoamericana de Integración (ALADI), el Acuerdo de Libre Comercio de las Américas (ALCA), el Grupo de los Tres (G-3), la Comunidad Andina de Naciones (CAN), el Mercado Común del Sur (Mercosur), el Tratado de Libre Comercio Colombia-Chile, el Acuerdo de Libre Comercio entre Canadá y la República de Colombia, el Tratado de Libre Comercio Colombia-Centro América y el Plan Puebla Panamá.

Por su parte, el cuarto capítulo se dedica exclusivamente a la Unión Europea, para ver cómo un bloque que inició con seis países hoy cuenta con 27 y otros 11 haciendo fila, y cómo es que después de una guerra que la devastó totalmente ha logrado convertirse en el bloque más importante del planeta, contribuyendo con el 31% del PIB mundial.

En el capítulo quinto se analizan los pros y contras del TLCAN o Tratado de Libre Comercio de América del Norte entre Canadá, los Estados Unidos y México, para tomarlo como un referente de lo que podría pasar (positivo y negativo) con el TLC entre Colombia y los Estados Unidos.

El capítulo sexto se refiere exclusivamente al Tratado de Libre Comercio entre Colombia y los Estados Unidos, por las implicaciones que tiene en el devenir de la nación. Es un tratado entre la primera potencia del mundo, que tal como se indica en el segundo capítulo aporta casi la tercera parte del PIB mundial, frente a Colombia que solo aporta la quinta parte del 1%; visto así, se trataría de un gigante contra un pigmeo; sin embargo, si se mira con ojos visionarios, puede ser una gran oportunidad que el país no puede rechazar por cuanto los costos los tendrían que pagar las futuras generaciones.

En el séptimo capítulo se presentan algunas cifras interesantes de lo que ha venido pasando con varios países de Asia como China, Corea, India, Japón, Hong Kong, Singapur y Taiwán, por la forma como han venido penetrando en los mercados internacionales y su importancia como consumidores potenciales de bienes y servicios que Colombia les podría proporcionar. Aquí se hace un análisis de cómo estaban estos países después de la Segunda Guerra Mundial, y qué estrategias diseñaron e implementaron para lograr las posiciones que ocupan actualmente en el concierto internacional, en cuanto a sus contribuciones al PIB del planeta, sus ingresos *per cápita*, sus volúmenes de exportaciones e importaciones y lo que es más importante, los estándares de vida que han logrado.

Por último, el capítulo octavo se dedica a presentar una serie de reflexiones, conclusiones y recomendaciones sobre los aspectos tratados en los apartados anteriores.

Durante todo el texto se citarán estudios y obras de otros autores o entidades, y en algunos casos se citarán párrafos o cuadros completos dando, en cada situación, los respectivos reconocimientos. Esto se hace por cuanto el tema es amplio y de actualidad, y se considera importante que el lector conozca los pensamientos de personas o instituciones versadas en esta temática.

2. El concepto de globalización

La globalización es un fenómeno que todos los días adquiere más relevancia, las islas de Robinson Crusoe han ido desapareciendo y los países, quieran o no, se han integrado a grupos y/o bloques en razón a la necesidad de vender sus productos y servicios, y comprar aquellos que por múltiples razones no están en capacidad de producir o no son suficientes para abastecer sus mercados locales.

Según el profesor Fernando Chaparro.[1]

[1] Chaparro, Fernando. *Apropiación social del conocimiento, aprendizaje y capital social*. Medellín: Universidad de Antioquia, Simposio Internacional sobre Ciencia y Sociedad, 2006.

> La globalización es un proceso que va más allá de la apertura de mercados y la internacionalización de la economía. Responde a uno de los principales desafíos de la humanidad desde finales del siglo XX y ejerce grandes presiones en el presente siglo. Es la construcción de una sociedad global que requiere una institucionalidad y un marco normativo que complemente al Estado-Nación y los mecanismos intergubernamentales que históricamente han dominado el ámbito internacional. Se trata, como lo dice Arnold Toynbee en su obra *A Study of History*, citado por Chaparro (2006),[2] del surgimiento de la sociedad civil transnacional, que se refleja en la globalización de los mercados, la producción y los sistemas financieros. Pero igualmente, este proceso se refleja en la globalización de la ciencia, en la que la comunidad científica desempeña un papel de creciente importancia.

Es importante, continúa Chaparro:

> [...] resaltar el hecho de que la globalización no solo toca a aquellos que participan en este nuevo entorno. Incide así mismo en los sectores sociales que no tienen la posibilidad de insertarse y participar activamente en ella, pero que sufren sus consecuencias a través de procesos que esta última genera, como es el caso de la reestructuración competitiva, de los cambios en los mercados de trabajo o de los procesos de transformación institucional que de ella se derivan. Los procesos de exclusión social que esto genera pueden llegar a tener un impacto más significativo que los [...] de participación que dicho entorno facilita.

Desde finales de la década de los años cuarenta, los problemas asociados con el desarrollo económico de los países menos avanzados han recibido gran atención por parte de los economistas de todo el mundo. El desarrollo económico ha sido redescubierto en dos sentidos: como algo académico y como un objeto práctico de gran importancia. Los estudios sobre los problemas del desarrollo han tenido influencias estimulantes en varios campos de la economía relacionados con la temática; un claro ejemplo de este estimulante resurgimiento de

---

[2] *Ibid.*

los efectos relacionados con las preguntas sobre el desarrollo sobre otras áreas se da en la atención creciente dada al comercio internacional (Palacio, 2008).[3]

En los últimos sesenta años, un gran número de publicaciones relacionadas con materias sobre comercio internacional dentro del contexto de los países desarrollados y los que se hallan en vías de desarrollo, han mostrado un gran interés en este campo de la economía. El comercio con frecuencia es visto no solo como un intercambio de bienes y servicios, sino también como un medio de estabilizar las relaciones políticas entre los países y de esa forma incrementar la seguridad mundial. Este esfuerzo por lograr las metas de estabilidad económica y política a través del comercio internacional resultó en un concepto de cooperación mutua conocido como Integración Económica.

Balassa (1961)[4] define la Integración Económica

> [...] como un proceso y un estado de situación. Con respecto a que es un proceso que acompaña medidas orientadas a abolir la discriminación entre unidades económicas que traten de diferenciar entre Estados. Vista como un estado de situación, puede ser representada por la ausencia de varias formas de discriminación entre economías nacionales.

Varios de los análisis económicos relacionados con la Integración Económica han sido de una naturaleza cualitativa en vez de cuantitativa. Algunos de los estudios que se realizaron en la década de los años setenta analizaron la forma como el crecimiento y el desarrollo económico pueden afectar el crecimiento futuro del comercio mundial, o cómo el desarrollo de las exportaciones de un país contribuye a determinar su tasa de crecimiento económico.

La Integración Económica es un instrumento para alcanzar metas que pueden ser económicas, políticas y sociales o cualquier combinación de ellas. Usualmente se asume que las mayores ganancias económicas por la integración ocurren en las regiones con altos desarrollos de su comercio y relaciones comerciales; en las uniones donde las industrias similares tienen los mismos niveles de desarrollo y están bien diversificadas, y en los grupos en los cuales los intermediarios finan-

---

[3] Palacio, Ivarth; Vásquez Olave *et. al. Los efectos esperados del ALCA y el TLC sobre el sector agropecuario del Valle del Cauca*. Cali: Universidad Autónoma de Occidente, julio de 2008.

[4] Balassa, Bela. *The Theory of Economic Integration*. Homewood, Illinois: Richard D. Irwin, Inc., 1961, p.1.

cieros están bien establecidos. Todas esas condiciones estuvieron presentes en Europa antes de que se formara la Comunidad Económica Europea.

En 1948, Bélgica, Luxemburgo y Holanda firmaron un tratado que constituyó The Benelux Customs Union y, en 1951, The European Coal and Steel Company fue creada por Francia, Alemania, Italia y los tres países que conformaban The Benelux Customs Union. Esta situación facilitó que se dieran las condiciones para que en 1958 se conformara, entre los seis países, la denominada Comunidad Económica Europea que, con los años, pasó a contar con 12 países miembros, luego 15 y hoy en día constituye un bloque de 27 países; además, ya se iniciaron los trámites para que en unos años otros 11 países, varios de ellos miembros de lo que fue la Unión Soviética, sean aceptados. El desarrollo de la hoy llamada Unión Europea ha sido tan vertiginoso que cuenta con moneda única, más fuerte que el dólar americano, y además como bloque trabaja en su propia Constitución.[5]

Los partidarios de las integraciones económicas argumentan que la unión incrementa el bienestar de la región y genera ganancias para el mundo como un todo. Para los países miembros existen varias consecuencias económicas por hacer parte de los grupos de preferencia. Como un importador, los costos y beneficios como país miembro se pueden clasificar así: a) la eliminación de los aranceles reduce esta fuente de rentas públicas para el país importador. Si en el pasado esas rentas o ingresos públicos fueron utilizados por el Gobierno para construir o mejorar servicios públicos, entonces la comunidad como un todo puede perder o salir perjudicada por la eliminación de los aranceles; b) los países importadores pierden una porción de la producción doméstica de las industrias relativamente ineficientes, causando reducción en el empleo y pérdida en los excedentes al productor en esos países; c) la reducción en la producción doméstica en las industrias ineficientes libera factores de producción que pueden desplazarse a empleos más eficientes resultando en beneficios para el país importador, y d) la remoción de los aranceles baja los precios domésticos de los bienes importados incrementando los excedentes a los consumidores.

Las posibles pérdidas o ganancias de los países miembros como exportadores pueden ser resumidas así: a) un incremento en el volumen de las exportacio-

[5] El capítulo IV de este libro trata exclusivamente de la Unión Europea por su importancia económica en el mundo, y lo que podría representar a futuro para Colombia en cuanto al flujo de comercio se refiere.

nes causando reasignación de recursos hacia las industrias cuya base sean las exportaciones; b) un incremento en los excedentes a los productores, y c) altos precios de los exportables para los consumidores domésticos causando una caída en los excedentes al consumidor.

Las ganancias o pérdidas netas para los países miembros y no miembros después de la formación de las integraciones económicas no son fácilmente determinadas *a priori*. Ellas dependen de las fuerzas económicas que predominen en cada caso particular, y varían de producto a producto dependiendo de la fluctuación demanda y oferta.

La formación de un grupo preferencial también tiene efectos positivos y negativos sobre los países no miembros. Algunos de los aspectos negativos se derivan de las pérdidas en exportaciones hacia las áreas integradas dadas por la discriminación en aranceles. Los beneficios posibles de los países no miembros resultan del efecto ingreso dentro del mercado, el cual puede conducir a un incremento en las exportaciones de los no miembros hacia el grupo.

La formación de los grupos preferenciales en Europa y América Latina entre finales de la década de los años cincuenta e inicios de los sesenta, posiblemente fue la causa de la deterioración del balance del comercio de mercancías de los Estados Unidos, que culminó en unos balances comerciales negativos en 1972, 1974 y 1976. La literatura sobre el impacto neto esperado de los grupos preferenciales es amplia, particularmente con respecto a la Comunidad Económica Europea (hoy Unión Europea). Sin embargo, poco trabajo ha sido realizado con respecto a los efectos combinados e interrelacionados de las más recientes y simultáneas formaciones de dos o más grupos preferenciales.

3. ¿Por qué los países se involucran en el comercio internacional?

Kreinin (1975)[6] respondió con gran claridad a esta pregunta y sintetizó de la siguiente forma su respuesta:

> Las naciones comercializan entre ellas fundamentalmente por las mismas razones que lo hacen los individuos, esto es, las naciones o regiones

[6] Kreinin, Mordechai E. *International Economics: A Policy Approach* (2nd Ed.) New York: Harcourt Brace Jovanovich, Inc., 1975, p. 217.

> se involucran en el comercio y el intercambio de bienes y servicios para obtener los beneficios de la especialización. Dado que las naciones, así como los individuos, no están dotadas igualmente de recursos para producir todos los bienes, bien sea por cuanto tienen dotaciones diferentes o por otras razones, todas se beneficiarán si cada una se especializa en aquello que puede hacer mejor y de esa forma obtener los otros bienes a través del intercambio. El punto es evidente, en una sociedad libre las comunidades no se involucrarán en el comercio o el intercambio si el mismo no los beneficia.
>
> Cada día el comercio internacional toma más auge en el devenir de las naciones y los bloques como resultado de varios elementos, a saber: la globalización que se extiende a los diversos escenarios de los países —el escenario económico, el social, el político y el ambiental; los acuerdos y tratados internacionales entre países y bloques; las nuevas tecnologías y todo el tema de las comunicaciones que permiten que, en cualquier momento, un vendedor o comprador esté enterado de las diferentes opciones que tienen unos en busca de mercados y clientes, y otros tratando de satisfacer sus necesidades en las mejores condiciones de precio, calidad, servicio, forma de pago, etc.

Las relaciones comerciales entre cualquier par de países son una combinación de factores económicos, políticos y culturales.

4. Acuerdos preferenciales de comercio

Los acuerdos preferenciales de comercio tendientes a reducir o eliminar las barreras al comercio entre los países de un determinado grupo discriminando, con respecto a países terceros, afecta los flujos de comercio en el ámbito global. Un objetivo frecuente de los acuerdos preferenciales de comercio lo constituyen las integraciones económicas. El significado de este concepto no se restringe a la integración total si no que incluye diferentes formas con características propias, como por ejemplo: las áreas de libre comercio, las uniones aduaneras, los mercados comunes y las uniones económicas. El impacto que un grupo particular tiene sobre el comercio entre los países miembros y con el mundo exterior está asociado con el tipo de integración, Balassa (1961)[7] los define así:

[7] Balassa, 1961, *Op. cit.*

En un Área de Libre Comercio, las tarifas y las restricciones cuantitativas entre los países participantes son eliminadas, pero cada país mantiene sus propias tarifas con respecto a los países no miembros. El establecimiento de una unión aduanera involucra, además de la supresión de la discriminación en el campo de los movimientos de los *commodities* dentro de la unión, la creación de una muralla o pared reflejada en tarifas comunes para países terceros. En un mercado común, se da el caso no solamente de las restricciones al comercio de productos sino al movimiento de factores de producción con un grado de armonización en las políticas económicas, monetarias, fiscales y sociales como ha ocurrido en el Mercado Común Europeo, hoy conocido como Unión Europea. Finalmente, la integración total presupone la unificación de políticas económicas, y requiere la designación de una autoridad supra-regional cuyas decisiones sean acatadas por los estados miembros.

5. Aspectos teóricos de las integraciones económicas

5.1. Creación de comercio

Desde los tiempos de David Ricardo, un pionero de la teoría del comercio internacional, existe la creencia de que los movimientos en la dirección del comercio libre entre las naciones propicia el mejoramiento en los niveles de bienestar del mundo. Es decir, el comercio entre los países miembros de un grupo preferencial implica la reducción de tarifas entre los mismos, originando un movimiento en la dirección del libre comercio que contribuye a incrementar la fortuna del planeta.

Sin embargo, Viner[8] demostró que este argumento no es necesariamente correcto. Introdujo el concepto de creación de comercio (CC) dentro de un área o grupo preferencial de comercio, que significa el incremento en las importaciones dentro del área como una proporción del total de las importaciones (intra y extra-área) de cualquier grupo preferencial.[9]

---

[8] Viner, Jacob. *The Customs Union Issue*. New York: Carnegie Endowement for International Peace, 1950.

[9] Balassa, Bela. "Trade Creation and Trade Diversion in the European Common Market", en *The Economic Journal*, Vol. 77, No. 305, marzo de 1967, pp. 1-21.

5.2. Desviación de comercio

Un segundo concepto es el relacionado con la desviación de comercio (DC), reemplazo de las importaciones provenientes del mundo exterior al grupo preferencial por importaciones más caras de los países miembros —amparadas estas por la reducción o eliminación de tarifas y/o las concesiones mutuas—. La diferencia entre el precio al cual se obtendrían importaciones comparables provenientes del mundo exterior al grupo y el precio dentro del área, representa un costo para el país importador. Esta pérdida puede ser compensada por los beneficios de la integración.

Ahora bien, ambos conceptos, creación de comercio y desviación de comercio, posiblemente puedan ser mejor entendidos en términos de un ejemplo. Asuma un mundo constituido por tres países, A, B y C, que cuentan con una limitada oferta de factores de producción y utilizan los recursos con los cuales están dotados de forma más eficiente. Piense también que existen diferencias en los costos de producción de por lo menos un producto o *commodity* "X"; que no existen costos de transporte y que con comercio, el país oferente está en capacidad de cubrir su propia demanda y la externa. Ahora considere la siguiente tabla:

Cuadro 1. Precios monetarios hipotéticos de un *commodity* para tres países

País	Precio*/unidades de X
A	175
B	130
C	100

* Los números son arbitrarios y se asume que corresponden a la misma unidad monetaria.

Una tarifa o arancel del 80% fijada por A, será suficiente para proteger la industria doméstica de dicho país en la producción del bien X. Si A firma una unión aduanera con cualquiera de los dos países B o C, ellos estarán mejor. Si la unión es con B, A podrá obtener una unidad del bien X a un costo de oportunidad de 130, en vez de producir ese bien a un costo de 175. Este argumento supone que los precios relativos en cada país reflejan las tasas reales de transformación y costos constantes, e indica que los recursos empleados para la producción de una unidad de X en A pueden utilizarse en la producción de cualquier otro bien, con un valor de 175. Dado que A puede importar una unidad del bien X de B, intercambiando bienes por un valor de únicamente 130, existirá un excedente de bienes valorados en 45 en beneficio de A, y de la transferencia de recursos fuera de X cuando el comercio es abierto con B. Este es un ejemplo de creación de comercio (CC).

Ahora asuma que antes de la integración A ha puesto un arancel levi del 50% sobre las importaciones de X. Si el arancel es no discriminatorio, entonces A comprará el bien X al país de menores costos, en este caso a C. Si A y B forman una unión aduanera con total eliminación de aranceles, entonces A comprará el bien X a B, país que está protegido en razón a la discriminación de tarifas o aranceles. Este es un caso de desviación de comercio, y dado que implica un ir de bajos a altos costos reales, representa un movimiento en la dirección de formas ineficientes de asignación de recursos.

5.3. Creación bruta de comercio

La creación bruta de comercio (CBC) es el cambio en las importaciones de los países miembros provenientes de otros iguales. Dentro de un mundo estático, CBC mide los efectos combinados de: a) el reemplazo o sustitución de la producción doméstica protegida con una más eficiente producción proveniente de los países miembros; b) la expansión del consumo doméstico dada por los efectos de precios e ingresos causados por a, y c) la sustitución de importaciones de países miembros por países no miembros (desviación de comercio).

5.4. Expansión de comercio

El aumento en las exportaciones del área preferencial al resto del mundo dado el incremento en las eficiencias en la producción, asociadas con la expansión de mercados dentro del área, se define como expansión de comercio (EC). Los cambios en los precios relativos causados por aquella son consecuencia de eficiencias en la producción, antes que cambios en los niveles de los aranceles o tarifas, como en el caso de creación de mercados y desviación de los mismos. El efecto combinado de desviación de comercio y expansión del comercio es esperado para impulsar los términos de comercio y el balance comercial de mercancías (BCM) de los países miembros con relación a los no miembros.

6. Otros conceptos fundamentales en el contexto del comercio internacional

En la jerga del comercio internacional resulta conveniente hablar de una serie de conceptos importantes para entender con mayor claridad aspectos que se tratarán en los capítulos siguientes. Por ejemplo, hay que tener en cuenta que la globalización conlleva acuerdos y tratados entre países y/o bloques de países que tienden al libre comercio, entre otras cosas, pero tal y como lo dice el premio nobel de economía, Joseph Stiglitz,[10] mientras existan subvenciones a la producción, apoyos a las exportaciones (subsidios) y otra serie de figuras que distorsionan los precios, es difícil hablar de "libre comercio". A continuación se explicarán ciertos conceptos.

6.1. *Dumping*

Este concepto, sensible en términos de comercio internacional, resulta polémico, o por lo menos el autor de este libro quiere plantear la discusión, por cuanto no está de acuerdo con definiciones que ha encontrado en algunos libros de texto (Fergusson y Kreinin)[11] y en buscadores como Wikipedia, que definen el *dumping* como la venta de un producto en el exterior (puede ser servicio también) a un precio por debajo del que asignan en su mercado interno; en algunos casos complementan indicando que el *dumping* es más gravoso cuando implica dolo, esto es, que se hace para dañar a la competencia en el país importador, quebrarlo, y así apoderarse del mercado, entrar como monopolista y fijar el precio y recuperar en el corto plazo el dinero perdido.

Con la segunda parte se está completamente de acuerdo,[12] pero con la primera no porque el *dumping* lo entendemos como la venta de un producto o servicio en el mercado externo, a un precio por debajo de costos; o para ser más preciso, es cuando el precio asignado a la exportación está por debajo del costo medio mínimo de largo plazo de la industria, que es el punto donde la curva del

---

[10] Stiglitz, Joseph E. *Cómo hacer que funcione la globalización*. Bogotá: Editorial Nomos S.A., 2006. Stiglitz, Joseph E. CHARLTON, Andrew. *Comercio Justo para todos*. Bogotá: Nomos Impresores. 2007. Stiglitz, Joseph E. *El malestar en la globalización*. Madrid: Talleres Gráficos de Palgraphic, S.A., 2007.

[11] Ferguson, C.E. *Microeconomic Theory* (Third Edition). Illinois: Richard D. Irwin, INC., 1972. Kreinin, Mordechai E. *International Economics: A Policy Approach* (2nd Ed.) New York: Harcourt Brace Jovanovich, Inc., 1975, p. 217.

[12] El autor presenta excusas a los lectores por utilizar la primera persona, lo cual no es la costumbre, pero dado que está polemizando, considera que debe hacerlo.

costo marginal de largo plazo corta a la del costo medio del mismo y se inicia la curva de oferta.

Y es que la definición es clara, por debajo de ese punto la empresa estará produciendo a pérdida y la sola lógica indica que si lo vende a ese precio, es porque lo hace con algún criterio que va más allá de la eficiencia económica y de la correcta asignación de los recursos, aunque otros podrían argumentar que es un criterio económico apoderarse de los mercados, sin importar el costo ni el precio que la sociedad debe pagar por ello, y son estos los criterios que hacen del comercio internacional un escenario de injusticias e inequidades.

El *dumping* está considerado como una práctica desleal del comercio internacional, y por ello desde hace muchos años los países legislan al respecto y existen las leyes *antidumping*. Sin embargo, varios de los países cuyas leyes son fuertes en este aspecto, son paradójicamente los que más utilizan este mecanismo para sacar a la competencia del escenario, y de esa forma ejercer prácticas monopolistas que van en contravía del mercado libre.

6.2. Carteles

Esta es la situación en que dos o más productores se reúnen (hoy de manera virtual) para definir precios de los productos y cuotas, y qué parte de los mercados se asigna a cada uno. Hay carteles altamente poderosos como el de los países productores de petróleo (OPEP). Colombia perteneció por muchos años a uno que fue el denominado Pacto Cafetero o acuerdo de cuotas; los beneficios que obtuvo fueron importantes para la época, por cuanto existía un control sobre la oferta y los precios internacionales se mantuvieron entre US $1,20/ libra y US $1,40/ libra, ello le permitió a la Federación Nacional de Cafeteros conformar el Fondo Nacional del Café, cuyos recursos fueron utilizados para apoyar a las miles de familias cafeteras y desarrollar una infraestructura de servicios (agua, energía, teléfono, etc.) para las poblaciones en más de 600 municipios. Con aquellos recursos también se fundó uno de los centros de investigación más modernos del mundo, Cenicafé, que le ha permitido al país estar a la vanguardia en la investigación cafetera. Cuando la roya llegó al país, la Federación estaba preparada para afrontarla, y si bien hubo perjuicios, estos no fueron de la magnitud que podrían haber sido si en ese momento no se hubiera contado con un centro de investigación como el mencionado.

Desafortunadamente, la palabra "cartel" se usa de forma peyorativa porque se relaciona de inmediato con el de las drogas ilícitas que tanto daño le han causado a Colombia y a otros países de la región; sin embargo, en muchos casos como el que se mencionó del café, por lo menos para Colombia (y esta es una hipótesis del autor no probada aún) los beneficios sociales fueron superiores en el largo plazo a los costos sociales. Debe notarse que si bien el precio internacional del grano en los últimos tiempos ha estado por encima de un dólar, una vez se rompió el Pacto Cafetero los precios cayeron a niveles cercanos a los US $0,60/libra, precio inferior al costo de producción estimado en esa época que era de US $0,85/libra. Es importante que el lector entienda que el país tuvo que vender a este precio por cuanto tenía *stocks* y, a finales de la década de los años ochenta, el área plantada era de aproximadamente un millón de hectáreas entre los denominados cafés tradicionales y los tecnificados. Esta aclaración se hace para que no se vaya a confundir con *dumping*, tal y como se explicó antes, pues aquí fue el mercado el que fijó los precios, entre otras, porque por la misma época en que se terminó el acuerdo de cuotas salió al mercado parte importante de la producción de Vietnam, un país que no hacía parte del pacto y había logrado sembrar 1.000.000 de hectáreas de café.

7. Algunas fechas importantes en la evolución del comercio internacional

Por considerarlo de interés, a continuación se presenta un listado con las fechas de algunos eventos que han sucedido después de la Segunda Guerra Mundial, y que de alguna forman han incidido en las relaciones comerciales entre los países, advirtiendo que son tan solo algunas, y por tanto pidiendo excusas de ante mano a los lectores si se omiten algunas que pudieran considerar relevantes.

- (1945, 24 de octubre) Carta de San Francisco. Se crean las Naciones Unidas.
- (1947) Acuerdo General sobre Aranceles y Comercio (GATT) que crea una serie de rondas de negociación.
- (1948) Bélgica, Holanda y Luxemburgo firman un Tratado que constituyó The Benelux Customs Union.

- (1951) The European Coal and Steel Company es creada por Alemania, Francia e Italia, más los tres países que conformaban The Benelux Customs Union.
- (1957) Se forma el Mercado Común Europeo, más conocido como el EEC, por sus siglas en inglés, conformado por los seis países anteriores (Alemania, Bélgica, Francia, Holanda, Italia y Luxemburgo).
- (1958) Inicia operaciones el EEC.
- (1958-1961) Se forman EFTA, LAFTA y CACM.
- (1963) El Reino Unido, Dinamarca, Irlanda y Noruega inician gestiones para ingresar a la EEC (el presidente DeGaulle de Francia se opone).
- (1969) Renuncia De Gaulle a la presidencia de Francia y la asume Pompidou, quien se muestra partidario del ingreso de estos países al EEC.
- (1969, diciembre) En Hague se propone la Economic and Monetary Union, consolidada 21 años más tarde.
- (1969) Acuerdo de Cartagena que crea el Grupo Andino.
- (1973, enero) Gran Bretaña, Dinamarca e Irlanda ingresan al EEC.
- (1981) Grecia entra al EEC.
- (1986) España y Portugal entran al EEC.
- (1986) Inicia la Ronda de Montevideo dentro del marco del GATT, que se prolonga hasta 1994.
- (1989) Cae el muro de Berlín y se unifica Alemania.
- (1991) Tratado de la Unión Europea o Tratado de Mastrick, ratificado en 1993.
- (1991) Nueva Constitución Política de Colombia y apertura económica.
- (1991) Se firma el ATPA.
- (1991) Se crea el Mercosur (Argentina, Brasil, Paraguay y Uruguay).
- (1994) Formación de la Organización Mundial de Comercio (OMC).
- (1994, diciembre) Se lanza el Acuerdo de Libre Comercio de las Américas (ALCA), en Miami, Florida.
- (1994) Se conforma el Tratado de Libre Comercio de América del Norte (TLCAN) entre Canadá, los Estados Unidos y México.
- (1995) Inicia operaciones el TLCAN.
- (1995, enero) Austria, Finlandia y Suecia entran a formar parte del EEC.
- (1996) Se acepta el ingreso a la Unión de la República Checa, Estonia, Hungría, Polonia y Eslovenia.

- (1999, enero 1) Se adopta en la Unión Europea (antiguo EEC) una moneda común (el euro).
- (2000) Se inician negociaciones para el ingreso a la Unión Europea de los siguientes países: Bulgaria, Letonia, Lituania, Rumania y Eslovaquia. Se reconoce a Turquía pero, dado ciertos problemas internos, se aplaza la fecha para iniciar negociaciones.
- (2000) La Asamblea General de las Naciones Unidas aprueba un documento que contiene los Objetivos de Desarrollo del Milenio; en ellos, los países asumen una serie de compromisos que abarcan los campos de mayor interés y preocupación para la comunidad internacional.
- (2001, noviembre) 146 presidentes y jefes de Estado promulgan lo que se denominó como la Declaración de Doha; en ella se refleja el interés de los países por normalizar el comercio internacional.
- (2002) Se firma el Tratado de Preferencias Arancelarias Andinas (Atpdea) que sustituye el ATPA.
- (2006) Expira el Atpdea y se inician prórrogas cada dos años. Según el secretario general de la OEA, entre 2002 y 2005 las exportaciones a los Estados Unidos por parte de Colombia se incrementan 10 veces, las peruanas 6, las ecuatorianas 20 y las bolivianas 4 veces, parte de ello gracias al Atpdea.
- (2008) Gana la presidencia de los Estados Unidos un afroamericano y se anuncia un cambio en la dirección de la política internacional de dicho país.
- (2008) Varios países de la Unión Europea anuncian su condición de recesión.
- (2008) La Unión Europea anuncia su intención de suscribir un tratado de libre comercio con Colombia y Perú, en vista de las trabas que Bolivia y Ecuador han impuesto a un tratado de asociación entre la UE y la CAN.
- (2009, 20 de enero) Se posesiona como presidente de los Estados Unidos Barack Obama y se anuncian cambios fundamentales en la política exterior de dicho país, como el retiro paulatino de las tropas de Irak, el envío de 30.000 refuerzos a Afganistán y la abolición de la prisión de Guantánamo en Cuba. Colombia mira con expectativa lo que pueda pasar con el TLC con dicho país.

- (2009, 22 de enero) El presidente Obama firma el Decreto Ejecutivo mediante el cual se cierra la prisión de Guantánamo, dando un plazo máximo de un año, contado a partir de la fecha, y ordena eliminar las torturas a los presos en todas las prisiones americanas que estén en territorio de los Estados Unidos o fuera de él.
- (2009, 18 de abril) En la Cumbre de las Américas en Trinidad y Tobago, el presidente Obama, de los Estados Unidos, le expresa al presidente Uribe, de Colombia, su voluntad de abrir las conversaciones tendientes a avanzar en el análisis del TLC entre los dos países y designa a un funcionario para que se encargue de ello.
- (2010, 18 de mayo). Se suscribe el Tratado de Libre Comercio entre la Unión Europea y Colombia. Se inicia el proceso de ratificación en los congresos y toda la parte jurídica y de reglamentación que, se estima, durará aproximadamente dos años.

Capítulo II
Entorno internacional

1. Introducción

Al analizar a Colombia en el contexto exterior y sobre todo en lo que tiene que ver con los tratados y acuerdos internacionales de comercio, es importante mirar una serie de cifras relacionadas con la producción mundial y la evolución de la población, así como el crecimiento y el desarrollo de una serie de países y bloques que permitan ubicar al país en su contexto real, y ver cuáles son los beneficios y amenazas que se le presentan: si hace parte o no de algunos tratados y/o acuerdos internacionales —como el TLC con los Estados Unidos, para citar solo uno—, y las debilidades y fortalezas que tiene en los diferentes frentes para contrarrestar los aspectos adversos.

En el cuadro 2.1.1 se presentan cifras relacionadas con el Producto Interno Bruto mundial y el de algunos países y/o bloques para el año 2005, expuestas por el profesor Juan Carlos Echeverry. En el cuadro 2.1.1 A se muestran las cifras para el 2007, y el cuadro 2.1.2 contiene las cifras para el mismo año, pero con un mayor número de países. Dado que la fuente original es la misma (el Banco Mundial), se pueden hacer comparaciones entre los cuadros para ver qué ha pasado, entre otras cosas porque en el caso de la Unión Europea, esta pasó de tener 25 países miembros en el año 2005, a tener 27 en 2007.

Cuadro 2.1.1. PIB y población mundial, 2005

	PIB		Población	
	US $ trillones	% del total	Millones	% del total
Mundo	43.1	100	6,450.00	100
Unión Europea	13.3	30,8	456.9	7,1
Estados Unidos	12.5	29	292.0	4.5
Japón	4.7	10,8	127.4	2
China	2.2	5,2	1.313.9	20,4
India	0.7	1,7	1,095.3	17
Colombia	0.1	0,2	43	0,7
UE+EE.UU.+Japón	30.5	70,7	876.3	13,5

Fuente: Echeverry, Juan Carlos. Conferencia presentada en la Universidad Autónoma de Occidente, Cali, octubre 2006. Datos tomados del Banco Mundial, varias publicaciones.

Cuadro 2.1.1 A. PIB y poblacion mundial, 2007

	PIB		Población	
	US $ trillones	% del total	Millones	% del total
Mundo	54.3	100.0	6.525.0	100.0
Unión Europea	16.8	30.9	498.1	7.6
Estados Unidos	13.8	25.4	302	4.6
Japón	4.3	7.9	128	2.0
China	3.2	5.9	1.318	20.2
India	1.0	1.8	1.132	17.3
Colombia	0.171	0.3	43.5	0.7
UE+EE.UU.+Japón	34.9	64.3	928.1	14.2

Fuente: elaboración propia con datos tomados del Trade Map y del Banco Mundial, varias publicaciones.

Cuadro 2.1.2. PIB – población y PIB *per cápita* de algunos países y bloques, 2007

País o Bloque	PIB (US $ millones)	Porcentaje sobre el PIB mundial	Población (millones de habitantes)	PIB *per cápita* US $/ Habitante	Porcentaje sobre la población mundial
Estados Unidos	13.754.000	25,4	301,8	44.000	4,6
Canadá	1.245.320	2,3	32,6	38.200	0,5
México	859.068	1,6	105	8.191	1,6
Total TLCAN	**15.358.388**	**29,3**	**439,4**		**6,7**
Bolivia	39.440	0,07	9,2	4.000	0,1
Colombia	171.000	0,3	43,5	3.931	0,7
Ecuador	98.790	0,2	13,9	7.200	0,2
Perú	219.000	0,4	29,2	7.800	0,4
Total CAN	**528.230**	**0,9**	**95,8**		**1,5**
Argentina	242.000	0,45	39,3	6.144	0,6
Brasil	1.413.590	2,6	184	7.000	2,8
Paraguay	11.450	0,02	6,7	1.878	0,1
Uruguay	19.221	0,036	3,4	9.700	0,05
Total Mercosur	**1.686.261**	**3,1**	**233,4**		**3,6**
Alemania	2.807.000	5,2	82,4	34.100	1,3
España	1.439.000	2,7	40,5	33.600	0,6
Francia	2.075.000	3,8	64	32.600	0,9
Italia	1.800.000	3,3	58,1	39.900	0,8
Reino Unido	2.130.000	3,9	61,0	35.000	0,9
Total UE	**16.800.000**	**30,9**	**498,1**		**7,6**
China	3.200.000	5,9	1.330	2.406	20,3
India	1.000.000	1,8	1.132	883	17,3
Japón	4.290.000	7,9	128	33.600	2
Singapur	228.100	0,4	4,4	49.700	0,07
Hong Kong	189.538	0,3	6,9	27.466	
Corea del Sur	1.206.000	2,2	48,8	24.600	0,7
Taiwán	383.303	0,7	23		0,3
Total mundial	**54.300.000**	**100**	**6.525**		**100**

Fuente: elaboración propia con datos de The World Factbook.CIA y estadísticas del Banco Mundial.

Cuadro 2.1.2 A. PIB – población y PIB *per cápita* de algunos países y bloques, 2008

País o bloque	PIB (US % billones)	Porcentaje sobre el PIB mundial	Población y (miles de habitantes)	PIB *per cápita* US $/ Habitante	Porcentaje sobre la población mundial
Estados Unidos	14.446.0	25.06	304.060	47.510	4.5
Canadá	1.390.0	2.41	33.310	41.730	0.5
México	1.061.0	1.84	106.350	9.976	1.6
Total TLCAN	16.897.0	29.32	443.720	38.080	6.6
Bolivia	14.1	0.02	9.680	1.460	0.14
Colombia	207.4	0.36	44.530	4.660	0.6
Ecuador	79.1	0.09	13.480	3.640	0.2
Perú	115.0	0.20	28.840	3.990	0.4
Total CAN	385.6	0.67	96.530	3.995	0.14
Venezuela	257.8	0.45	27.940	9.230	0.4

Fuente: elaboración propia con datos de The World Factbook.CIA, estadísticas del Banco Mundial y Trade Map.

Cuadro 2.1.2 B. PIB – población y PIB *per cápita* de Centro América, 2009

País	PIB (US $ billones)	Porcentaje sobre el PIB mundial	Población (miles de habitantes)	PIB *per cápita* US $/habitantes
Costa Rica	29.3	0.053	4.254	6.885
El Salvador	22.2	0.040	7.185	3.085
Guatemala	36.5	0.066	13.277	2.747
Honduras	14.6	0.026	7.877	1.871
Nicaragua	6.7	0.011	5.891	1.070
Panamá	24.8	0.045	3.360	7.367
Total	136.6	0.244	44.760	3.198

Fuente: elaboración propia con datos de The World Factbook.CIA, estadísticas del Banco Mundial y Trade Map.

Cuadro 2.1.2 C. PIB – población y PIB *per cápita* del Mercosur, 2009

País o bloque	PIB (US $ billones)	Porcentaje sobre el PIB mundial	Población (N) miles de habitantes	PIB *per cápita* US $/ habitantes	Porcetaje de N sobre la población mundial
Argentina	328.4	0.54	39.880	8.234	0.60
Brasil	1.612.5	2.66	191.970	8.400	2.89
Paraguay	16.0	0.03	6.230	2.565	0.09
Uruguay	32.2	0.05	3.330	9.667	0.05
Total Mercosur	1.989.1	3.28	141.410	8.239	3.61
Colombia	242.3	0.40	44.530	5.441	0.67

Fuente: elaboración propia con datos de The World Factbook.CIA, estadísticas del Banco Mundial y Trade Map.

Cuadro 2.1.2 D. PIB – población y PIB *per cápita* de algunos paises de la UE, 2009*

País o bloque	PIB (US $ billones)	Porcentaje sobre el PIB mundial	Población (miles de habitantes)	PIB *per cápita* US$/ habitante	Porcentaje de N sobre la población mundial
Alemania	3.235		82.002	39.450	
España	1.438		45.828	31.378	
Francia	2.635		64.351	40.947	
Italia	2.090		60.045	34.807	
Reino Unido	2.198		31.635	35.662	
Total UE	17.500		499.724	35.000	

*Datos hasta septiembre

Fuente: elaboración propia con datos de The World Factbook.CIA, estadísticas del Banco Mundial y Trade Map.

Las cifras de los cuadros anteriores muestran cómo en el año 2005 el PIB de los Estados Unidos era apenas 2 puntos porcentuales inferior al de la Unión Europea que, en 2007, con 27 países, aportó el 31% al PIB mundial. En ese momento los Estados Unidos seguían, contribuyendo con más de la cuarta parte de la producción mundial, lejos de países como Japón (7,9%), China (5,9%) e India (1,8%) —estos dos últimos con crecimientos importantes y sostenidos en los últimos decenios, sobre todo China que se ha mantenido con aumentos promedios anuales del 9%, durante los últimos 20 años—.

En el caso de Colombia, su contribución al PIB mundial representa el 0,3%; una baja participación que se debe tener en cuenta desde el punto de vista de un TLC con los Estados Unidos —y el firmado en mayo de 2010 con la Unión Europea— y los futuros tratados bilaterales con países de Asia como China e India, particularmente, por cuanto puede representar amenazas reales, pero a su vez oportunidades de utilizar dichos tratados y acuerdos para incrementar la inversión extranjera, atraer tecnologías, reconvertir su sector industrial y agropecuario, los servicios, el turismo, las telecomunicaciones, etc., y penetrar en nuevos mercados con productos y servicios con mayor valor agregado y saltar, como lo está haciendo Chile, de exportar bienes primarios a servicios y bienes que sean resultado de la investigación y la innovación.

El cuadro 2.1.2 debe servir para realizar otros análisis que comparen el PIB con la población, y si bien no es ortodoxo hablar de productividad con solo una división entre las dos cifras, sí da una idea de cómo está el país en este importante aspecto, que puede ser corroborado y/o ampliado con los informes presentados por el Consejo de Competitividad —integrado por el Gobierno Nacional, los gremios de la producción, los productores individuales y la academia—.[13]

Colombia, con un 0,7% de la población mundial, genera, como se decía, un PIB equivalente al 0,3%; esa situación puede compararse en términos relativos a la de China que, con el 20,2% de la población mundial genera el 5,9% del PIB, y a la de India que, con el 17,3%, participa en un 1,8% del PIB, pero distan mucho de lo que ocurre con los países que conforman la Unión Europea, los Estados Unidos y Japón, cuyos porcentajes de población están por debajo de las contribuciones al PIB mundial.

China, con una población de 1.330 millones de habitantes, ha venido desarrollando una política en los últimos 25 años que define dos bloques de población. En el primero, con unos 400 millones de habitantes, ha enfocado la mayoría de los recursos para la formación al más alto nivel de su capital humano: excelentes servicios de salud y becas para que los chinos estudien en las mejores universidades de Estados Unidos, Canadá y Europa, a nivel de maestrías y doctorados, y regresen a reforzar o montar grupos o centros de investigación. El segundo bloque, compuesto por unos 900 millones de personas, cuenta con el apoyo del Estado pero no en la misma proporción que el primero, y es considerado como una reserva: cuando el país necesita competir con algún producto en el mercado

[13] Consejo Nacional de Competitividad. *Informe Nacional de Competitividad. Ruta a la Prosperidad Colectiva*. Bogotá, noviembre de 2008 e Informe Nacional de Competitividad 2009-2010.

internacional que sea intensivo en mano de obra, la toma de él, le paga salarios de subsistencia, produce a gran escala y quiebra cualquier precio internacional, sin importar el grado de calidad. Con el primer bloque y apoyada por unos volúmenes de inversión extranjera que han llegado a los US $400.000 millones, China está logrando una transformación industrial en diferentes sectores que, a la vuelta de unos pocos años, va a tener su incidencia en los mercados internacionales pues competirá no solo con cantidad y precio sino con calidad.

China es un país que debe analizarse constantemente. La razón: se ha impuesto como meta llegar a ser la primera potencia mundial en máximo tres decenios y para ello son varias las estrategias que está utilizando. Una que ha llamado la atención al autor de este libro es que en estos momentos (año 2010), por lo menos 800.000 chinos se encuentran distribuidos por todo África con dos misiones fundamentales: la primera, explorar oportunidades de negocio y la segunda, que se considera la más importante, comprar total o parcialmente las minas que existan de carbón, níquel, platino y todos aquellos minerales que requieren para su desarrollo industrial. Es decir, están apostando a futuro pues, si por un lado cuentan con la mano de obra y los recursos naturales y por otro con capital humano preparado al más alto nivel, estarían listos para incidir en los mercados en el futuro próximo.

La India es otro país que con sus más de 1.100 millones de habitantes debe mirarse con detenimiento, por cuanto está invirtiendo millones de dólares en investigación e innovación, y sobre todo en lo que tiene que ver con las TICs.[14] Entre ambos países asiáticos cuentan con el 37,5% de la población mundial, frente al 12,2% de los 27 países de la Unión Europea y los Estados Unidos, y gracias a las tasas de crecimiento de la población en India y China, superiores a las de la Unión Europea y los Estados Unidos, esta proporción tenderá a incrementarse.

Dada la importancia que las naciones asiáticas han venido tomando en el concierto internacional, entre otras porque países como China se han venido abriendo a la economía mundial paulatinamente y ejercen una influencia importante en la definición de los precios internacionales de varios *commodities*, bien sea porque son los mayores compradores y afectan la demanda o porque han desarrollado una estructura productiva que les permite competir con precios

[14] Tecnologías de la información y la comunicación.

en dichos mercados, en este libro se reserva un capítulo (VII) para profundizar un poco en el tema de Asia.

Continuando con el cuadro 2.1.2, se aprecia que del 29,3% que el bloque TLCAN aporta al PIB mundial, el 86,7% de este es la contribución de los Estados Unidos, dado que unidos Canadá y México solo aportan el 3,9%.

Los cuatro países de la CAN contribuyen con el 0,9% del PIB mundial y el 1.5% de la población, tampoco es tan significativo el Mercosur cuyos cuatro países juntos aportan el 3,1% del PIB y el 3,6% de la población, y de ellos por lejos el más significativo es Brasil, que se perfila como una potencia latinoamericana superando a México e incluso a Canadá (que sin ser latinoamericano, hace parte del bloque americano).

Un bloque que se ha consolidado y que Colombia debe mirar con mucho detenimiento es la Unión Europea (el capítulo IV está dedicado a ella) pues contribuye con el 31% del PIB mundial, a pesar de contar solo con el 7,6% de la población del planeta. Cinco de los 27 países que conforman la Unión Europea (Alemania, España, Francia, Italia y el Reino Unido) hacen contribuciones significativas al PIB mundial en rangos que van del 2,7% (España) al 5,2% (Alemania), con poblaciones que en todos los casos están por debajo de los 40 millones de habitantes, inferiores a los más de 45 millones que tiene Colombia.

Con miras a proporcionar herramientas a los tomadores de política en materia de posibilidad de mercados para ampliar las exportaciones de Colombia, se considera que deben impulsarse mucho más las acciones hacia la Unión Europea por cuanto significa un mercado de 500 millones de habitantes, 60 millones más que el TLCAN (Canadá, Estados Unidos y México), y también por la capacidad de compra en razón a que el promedio aritmético (no ponderado) del ingreso *per cápita* de los cinco países es de US $35.000, nueve veces superior al del país suramericano (Colombia).

2. El concepto de GNP y qué es o qué significa crecimiento

El crecimiento económico es un fenómeno reciente en la historia de la humanidad. El concepto se comenzó a utilizar durante la revolución industrial, a finales del siglo XVIII, en Gran Bretaña. Tanto concepto como fenómeno se extendieron por toda Europa y América del Norte, durante el siglo XIX, y en el XX, particularmente a partir de la segunda mitad, el fenómeno fue más evidente y abarcó diferentes latitudes del planeta.

En 1814 un comerciante escocés, Colquhoun,[15] escribió un artículo relacionado con el crecimiento económico e indicó que este se debía a tres factores: la maquinaria ingeniosa apoyada por la preparación de la mano de obra y el capital. Hoy en día algunos economistas atribuyen el crecimiento económico a la tecnología, el capital físico y al capital humano. Estas son algunas aproximaciones, pero existen unas raíces más profundas que tienen que ver con el avance de la ciencia, las finanzas, el comercio, la educación, la medicina, la salud pública, la forma de gobernar y el desarrollo de una serie de capitales diferentes al físico como el humano, el social, el relacional y todo lo referente a la preservación y el buen uso de los recursos naturales (renovables y no renovables).

Durante los dos últimos siglos el concepto de economía global se ha extendido a lo largo y ancho del planeta con interrupciones fuertes en 1930, dada la gran depresión, y con un nuevo aire a partir de la década de los años cuarenta una vez concluida la Segunda Guerra Mundial, en la que aparecen una serie de organizaciones de tinte global como The General Agreement on Tariffs and Trade (GATT), la Organización de las Naciones Unidas (Carta de San Francisco, 24 de octubre de 1945), el Fondo Monetario Internacional, el Banco Mundial y, más recientemente (en 1994), la Organización Mundial de Comercio, así como una serie de acuerdos y tratados entre países como: EEC, EFTA, Lafta, CACM, Caricom y ETC.

Según el Banco Mundial, la globalización ha elevado la importancia del comercio en las economías en desarrollo.[16] La rápida industrialización de muchas de ellas ha incrementado la demanda por bienes primarios. Aunque en valores nominales varios de estos *commodities*, como el petróleo en los últimos años, han registrado fluctuaciones bruscas, esto es, precios internacionales que llegaron a los US $150 por barril y en 2009, primer trimestre, bajaron a niveles inferiores a los US $40 por barril, la tendencia a largo plazo (1990 a 2007) en números índices fue creciente, pasando de 100 (año base, 1990) a casi 300 en el 2007 —situación similar se vivió con los metales y los minerales—. China ha venido ejerciendo una fuerte presión sobre los precios por ser un país tan grande y haber entrado a un proceso de industrialización que la ubica como uno

[15] Citado en un artículo no publicado denominado: "Part 1: Sustained, High Growth in the Post War Period".

[16] World Bank. *A Portrait of the Global Economy*. World Development Indicators, 2008.

de los primeros países exportadores del mundo, igual presión ha ejercido sobre la demanda de dichos *commodities* y, obviamente, ello se ha reflejado en los precios internacionales.

Esta situación de demanda creciente ha tenido efectos positivos sobre los países exportadores de dichos *commodities*, en el sentido en que tanto sus exportaciones como sus productos internos han aumentado en cantidad. El incremento de los precios internacionales tiene sus efectos en los términos de intercambio pues, cuando los precios de los exportables crecen más rápido que los importables, estos términos se mejoran para los países exportadores, y viceversa para los importadores. Adicionalmente, los términos de comercio ajustados por el producto interno bruto a precios constantes, arroja el ingreso real bruto doméstico (GDI).[17]

La situación de los términos de intercambio varía considerablemente entre los países dependiendo de la fuerza de sus principales productos en los mercados internacionales, por ejemplo, entre el año 2000 y el año 2006, Chile y Zambia registraron un crecimiento significativo en los términos de intercambio gracias a los buenos precios del cobre. Según el Banco Mundial, de una muestra de 147 países, 65 registraron reducciones en sus ingresos por las pérdidas en los términos de intercambio, 68 ganaron y en 14 no se encontró ningún efecto.

El producto interno bruto mundial aumentó en 4,8% en 2006, lo cual significó medio punto porcentual por encima del crecimiento en 2005. Entre 1995 y 2006, el PIB mundial se ha incrementado en un 50%, alcanzando la cifra de 57 trillones de dólares, que se estiman en 59 trillones de dólares americanos para 2009. Las economías de menores ingresos y de medios han venido creciendo más rápido que las consideradas de altos ingresos, lo cual ha permitido que la participación de las primeras y de las segundas haya pasado del 34 al 41%. Parte fundamental de estos cambios se ha dado en China e India, cuyos crecimientos anuales han estado por el orden del 9% en promedio, en los últimos años.

El crecimiento de la economía en el mundo en los últimos decenios ha creado una serie de contradicciones, por ejemplo, la gran divergencia en los niveles de ingreso entre los países y al interior de ellos: el 65% de la población mundial estimada en 6.500 millones de habitantes vive en países definidos como de alto ingreso o alto crecimiento y más de 2 billones viven en países de ingreso estan-

---

[17] *Ibid.*, p. 195.

cado o decreciente; se espera que la población proyectada para el año 2050 se incremente en 3 billones de personas, de las cuales 2 billones vivirá en países de ingreso estancado o decreciente. Si aquellas condiciones se mantienen y las proyecciones se cumplen, es posible que se generen una serie de presiones adicionales a las existentes actualmente, por ejemplo, con respecto al medio ambiente. El planeta sufrirá desequilibrios ecológicos y a nivel climático (ya perceptibles), y el estrés ecológico se convertirá en un problema económico de grandes magnitudes sociales y políticas.

En un artículo de 2007 publicado en *The Financial Times*,[18] el profesor Martin Wolf hace un análisis de 13 países que presentan características diferentes, y que después de la Segunda Guerra Mundial registraron saltos importantes en sus economías. Por considerar este texto de interés para reflexionar sobre Colombia, a continuación se citan algunos apartes. Los países analizados fueron: Botsuana, Brasil, China, China Hong Kong, Indonesia, Japón, Corea, Malasia, Malta, Omán, Singapur, Taiwán y Tailandia. India y Vietnam también podrían incluirse en dicho grupo, según Wolf.

Ese grupo de 13 países que han registrado altas tasas de aumento en los últimos decenios, indica que es posible dar saltos importantes en calidad y cantidad en cuanto al crecimiento de las economías (para ver con mayor detalle cómo lo lograron, véase el Anexo A). Hay quienes afirman que lo que ha pasado con ellos es un milagro difícil de explicar y aún más de replicar.

Paul Romer, citado por Wolf, indica que el caso de Japón se debió al Plan Marshall de recuperación después de Hiroshima y Nagasaki (Segunda Guerra Mundial). Y cuando pasó lo de los tigres asiáticos (China, Hong Kong, Taiwán, Singapur y Corea), se dijo que el crecimiento se debió a que eran países pequeños, pero cuando China los sobrepasó a todos se argumentó que era porque se trataba de un país demasiado grande.

La verdad es que en la muestra se tienen ejemplos con situaciones diferentes, países que ameritan ser analizados para averiguar por qué han logrado crecer y mantenerse; varios de ellos son ricos en recursos naturales, como Botsuana, Brasil, Indonesia, Malasia, Omán y Tailandia; uno cuenta con una población de más de 1.300 millones de habitantes, mientras que otro (Malta) tiene tan solo

[18] Wolf, Martin. "The Dangers of Living in a Zero-Sum World Economy", en *The Financial Times*, diciembre 19, 2007.

un poco más de 500.000. Siete de ellos continúan creciendo: China Hong Kong, China, Japón, Corea, Malta, Singapur y Taiwán, los otros frenaron su crecimiento (ver cuadro 2.1.3).

Cuadro 2.1.3. Economías que han registrado creciminetos altos en sus ingresos *per cápita*, dólares constantes del año 2000

País	1960	2005	Crecimiento %
Botsuana	210	3.800	1.810
Brasil	960	4.000	416
China	105	1.400	1.333
China Hong Kong	3.100	29.900	964
Indonesia	200	900	450
Japón	3.500	39.600	1.131
Corea	1.100	13.200	1.200
Malasia	790	4.400	556
Singapur	2.200	25.400	1.155
Taiwán, China	1.500	16.400	1.093
Tailandia	320	2.400	750

Fuente: elaboración propia con datos del Banco Mundial y World Development Indicators.

En el *Informe Nacional de Competitividad: Ruta a la Prosperidad Colectiva,*[19] que en noviembre de 2008 fue presentado a la comunidad, se plantea que el país debe crecer a tasas promedio del 8% anual para poder ubicarse en el año 2032, en la categoría de ingresos medios, esto es un *per cápita* de US $18.500 actuales. Pues bien, según el cuadro 2.1.3 y el artículo de Wolf,[20] si Colombia se lo propone lo puede lograr, pues cuenta con la plataforma para ello; lo que seguiría faltando es la decisión política y la unión de las fuerzas vivas de la nación.

3. Análisis de la evolución de la población mundial

Al hacer un análisis acerca de la situación de Colombia frente a la globalización, tema central de este libro, es indispensable dar un vistazo a lo que ha venido

[19] Consejo Nacional de Competitividad. *Informe Nacional de Competitividad. Ruta a la prosperidad colectiva*. Bogotá, noviembre de 2008.

[20] *Op. cit.*

ocurriendo con la población en las diferentes regiones del mundo, entre otras, por cuanto los volúmenes de la misma y sus ingresos *per cápita* pueden ser indicativos de mercados potenciales para los productos y servicios del país, e incluso de posibles proveedores a futuro.

En esta parte se tomarán datos publicados por varias organizaciones del sistema de las Naciones Unidas, donde se presenta información posterior a la Segunda Guerra Mundial y proyecciones al año 2030 que muestran algunas tendencias que vale la pena analizar.

Según un estudio del Banco Mundial,[21] una parte importante en el crecimiento de la población del planeta a partir de la Segunda Guerra Mundial se ha dado en los países en vías de desarrollo, y dentro de estos, India y China han venido ganando espacio tanto en cifras absolutas como en porcentajes. En 1960 la población del mundo estaba alrededor de los 3.000 millones de habitantes, en 2009 se aproximó a los 6.746 millones, y se prevé que pasará a los 8.000 millones en el año 2030.[22]

Aquel estudio también indica que la distribución de la población campo-ciudad sigue cambiando en todos los continentes: los habitantes urbanos se incrementan y ello hace prever que, desde el punto de vista exportador, Colombia debe enfatizar en conocer las demandas de las diferentes naciones para así organizar sus exportables. Las canastas familiares han venido cambiando debido a las nuevas necesidades de la población, y ello implica que las ofertas exportables de los países se adecúen a las nuevas condiciones.

En 1960, los Estados Unidos, la Unión Europea y Japón contribuían con el 20% de la población mundial, pero para el año 2030 se proyecta que dicha participación haya bajado al 10%; China e India, en cambio, mantendrán la porción más alta del mundo con unos 3.000 millones de habitantes tendientes a ubicarse en los núcleos urbanos. Este párrafo se relaciona mucho con el anterior en el sentido en que no serán demandados los mismos productos y servicios por los norteamericanos y los europeos que por los dos países asiáticos. Ello por la diferencia en sus ingresos *per cápita*, sus hábitos de consumo, sus costumbres y sus tradiciones, y porque quienes estén al frente de la toma de decisiones por parte

---

[21] World Bank. *World Development Indicators 2007*. Forecast for 2030 from Maddison.

[22] Según el World Development Indicators de septiembre 2008, la población mundial al 2007 era de 6.612 millones con una tasa de crecimiento anual del 1.1%.

de los sectores público y privado y se hallen en relación con el comercio exterior, tendrán que tener muy presente que la composición del futuro comprador o vendedor va a cambiar tal y como se ha venido transformando la composición de la población en las diferentes regiones del planeta.

El mayor crecimiento en términos porcentuales se dará en los países sur saharianos en donde, además, se concentrará la mayor pobreza. La población de los países latinoamericanos y del Caribe será creciente pero mantendrá una participación de aproximadamente el 10% de la población mundial, un 2% por encima de lo que tiene en la actualidad.

4. El reporte 2008 sobre el desarrollo de las metas del milenio

En la reunión de la Asamblea General de las Naciones Unidas en el año 2000, se adoptó una declaración que se denominó The Millennium Development Goals, en ella los países se comprometieron a atacar con fuerza los problemas fundamentales que afectan al planeta, y se definieron unas metas para el año 2015 que se sintetizan a continuación:

- Meta 1. Erradicar la pobreza extrema y el hambre
- Meta 2. Lograr total cubrimiento en educación primaria
- Meta 3. Promover la igualdad de género y el empoderamiento de la mujer
- Meta 4. Reducir la mortalidad infantil
- Meta 5. Mejorar la salud materna
- Meta 6. Combatir el HIV/ Sida, la malavia y otras enfermedades
- Meta 7. Garantizar la sustenabilidad ambiental
- Meta 8. Fomentar una alianza mundial para el desarrollo

En 2008, y dado que ya se estaba a mitad del periodo para lograr dichas metas, las Naciones Unidas elaboraron un reporte en el que se indicó si aquellas se estaban cumpliendo, o si por el contrario los problemas se habían incrementado;[23] aunque parte importante del documento referido hace relación a países de Asia y África, y en este caso en particular a aquellos ubicados al sur del desierto del

[23] United Nations. *The Millennium Development Goals Report*, publicado por The United Nations Department of Economics and Social Affairs (DESA), New York, agosto de 2008.

Sahara, con excepción de África del Sur, aquí se citarán varios aspectos para que quienes deben formular políticas en las diferentes áreas sepan que lo prometido en aquella reunión del milenio es un compromiso que los diferentes países asumieron con el mundo, y que las metas del milenio deberían revisarse al interior de los países y en cada momento hacer los ajustes pertinentes para contribuir con ello a la seguridad mundial.

Tal y como lo dice Ban Ki-Moon (secretario general de las Naciones Unidas) en la introducción del documento, las metas van más allá de ser objetivos de desarrollo: universalmente se acepta una serie de valores humanos y derechos como el combate a la pobreza y al hambre, el derecho a la educación básica y a la salud y la responsabilidad con las futuras generaciones. Dice el secretario general que en este periodo se han logrado avances significativos en la dirección de las ocho metas, sin embargo, se está lejos de alcanzar los compromisos adquiridos.

Para lograr los objetivos del milenio muchos países necesitan impulsar su crecimiento económico y mejorar considerablemente sus sistemas de educación y salud, así como las formas de explotar y manejar los recursos naturales, sus infraestructuras de agua, sanidad, telecomunicaciones y transporte.

En los últimos 10 años las economías de los países en vías de desarrollo han crecido más rápido que en cualquier periodo desde 1965, y en ese escenario los grandes como Brasil, China, India, Rusia y Sudáfrica también lo han hecho pero de manera superior.[24]

El crecimiento económico es una de las formas de medir el desarrollo de una nación. Los países cuyas economías crecen a tasas significativas deberían, generalmente, reducir la pobreza; sin embargo, si el crecimiento no se distribuye equitativamente, este desplaza o margina a parte importante de la población y genera más pobreza. El crecimiento económico *per se* no garantiza el agua potable, los servicios de salud o la educación con cobertura y calidad; es una condición necesaria pero debe estar acompañada por políticas y presupuestos que le permitan lograr el desarrollo social.

4.1. Meta 1. Erradicar la pobreza extrema y el hambre

Esta meta, según el informe, ha sido difícil de cumplir por cuanto los precios de los alimentos han subido de manera notable en varios países y regiones. Ello ha

---

[24] World Bank. *World View*, World Economic Indicators, 2008, p. 1.

empujado a 100 millones de personas hacia una pobreza profunda, es decir, ha obligado a cada una de ellas a vivir con menos de un dólar por día. Además, los ingresos no han subido a los ritmos de los precios de los alimentos, y como estos pesan tanto en las canastas familiares, se limita la posibilidad de adquirir otros bienes y servicios que son esenciales como la educación y la salud.

En el caso de los campesinos, se podría decir que los altos precios de los *commodities* significan mayores ingresos; sin embargo, lo que ha sucedido es que paralelo al aumento en los precios de los productos del agro, se ha producido un incremento más alto en los costos de producción, sobre todo en lo que tiene que ver con el transporte y los insumos como fertilizantes, cuyo precio depende mucho de lo que pasa con el petróleo —que hasta mediados de 2008 registró unos incrementos y niveles que no se conocían—.

Otro aspecto que registra el documento es que muchos de los pobres no son productores de alimentos y, por tanto, los altos precios de estos los han empujado a la pobreza extrema; hay millones de estas personas en el mundo, particularmente en los países al sur del desierto del Sahara y de Asia.[25]

El desplazamiento por los conflictos que se tienen en el sur de Asia y en varias regiones de África también ha incrementado la pobreza y el hambre, es una condición que desarraiga a las personas de sus hogares y las obliga a buscar refugio en las urbes. Las grandes ciudades de Colombia, por supuesto, no están exentas de esta situación y resultan espacios desconocidos que no proveen de recursos a las personas, estas últimas caen entonces en el desespero que las lleva a meterse en las drogas o a conformar pandillas, y así a los hospitales, las cárceles, los cementerios y, en el mejor de los casos, a vivir en condiciones de pobreza y extrema pobreza.

Según el documento en mención, en Líbano y Jordania un 10% de la población o más son refugiados, y en Irak y Somalia una de cada diez personas es un desplazado interno. Estos datos son interesantes a la luz de lo que acontece en Colombia, donde el nivel de desplazamiento por los fenómenos de violencia que han afectado al país (guerrillas, narcotráfico; narco-guerrilla, para-militarismo y delincuencia común), han generado desplazamientos y migraciones no planificadas del campo a la ciudad e incluso condición de refugio, aunque no en las escalas en que se ha dado en varios países de África y Asia.

---

[25] United Nations, *ibid.*, p. 6.

En el documento *World View* del Banco Mundial[26] se indica que entre 1990 y 2004, el número de personas viviendo con menos de US $1.00 al día, disminuyó a 260 millones de personas, en parte gracias a la masiva reducción de la pobreza en China. En contraste, la pobreza y pobreza extrema se incrementó en 60 millones de personas en el mismo periodo, en los países ubicados al sur del desierto del Sahara en África.

Para el Banco Mundial, si bien hay regiones y países que no van a lograr las metas del milenio en cuanto a reducción de la pobreza, en el conglomerado del mundo entero parece alcanzable la meta de bajar los niveles del 29% al 10%, entre 1990 y 2015. Sin embargo, aunque esto llegue a ser una realidad, lo cierto es que las inequidades mundiales entre regiones y países, y aun en su interior, se siguen manteniendo e incrementando, lo cual es una alerta para poder alcanzar la paz mundial.

Colombia es uno de los países de América Latina que por varios decenios ha registrado crecimientos en su economía —aunque con picos altos y bajos—, pero ello no se ha visto reflejado en similares proporciones en el bienestar de la población en las diferentes regiones. Hay departamentos como el Chocó, Putumayo, Nariño y los antiguos territorios nacionales, que están muy lejos de poder decir que sus habitantes rurales y urbanos viven en condiciones dignas. Las vías primarias, secundarias y terciarias, si es que existen, están completamente desbaratadas; el tema del agua potable es crítico en muchas zonas del territorio nacional, la cobertura con calidad y cantidad de la educación y los servicios de salud son precarios y ni hablar de las telecomunicaciones. Lo que le ha pasado a Colombia confirma lo que dice el Banco Mundial en su informe *World View*, en el sentido en que el crecimiento económico es una condición necesaria para combatir o reducir la pobreza, pero no es suficiente por cuanto existe otra serie de factores como lo político, la concentración de poder, la distribución de la población campo-ciudad, etc., que inciden para que los beneficios del crecimiento de las economías no se distribuyan equitativamente en la población. Esto último es más grave porque en países con altas tasas de desempleo, sub-empleo y empleo informal, es mucha la gente que queda relegada de los procesos de crecimiento y desarrollo.

[26] World Bank, *World View*; World development Indicators, 2007, p.4.

4.2. Meta 2. Lograr total cubrimiento en educación primaria en todo el mundo

Esta es una meta que se ha venido cumpliendo en la mayoría de las regiones. En 2006 el nivel de matrículas en primaria estaba por el orden del 85% en promedio. El número de niños en el grupo de edades de primaria que no estaban enrolados en ninguna escuela bajó de 103 millones en 1999, a 73 millones en 2006 (número obviamente mayor en este grupo de niños). Este tema es crítico en los países del sur del Sahara en África, donde unos 38 millones de niños en edad de estar realizando estudios de primaria, se encuentran todavía por fuera de la escuela. En esta región el promedio de matriculados ha alcanzado un máximo de 71%, muy por debajo de los promedios de otras regiones del planeta.

En el informe se indica que la proporción de niños que no asisten a la escuela es mayor en las áreas rurales que en las urbanas, pero el problema se acentúa en las clases y regiones más pobres; aunque esto parece lógico, lo importante es que se comprobó en 32 países de una muestra de 40. Para retener a los pequeños en la escuela es necesario que los Gobiernos puntualicen políticas que mejoren los ingresos de las familias, pues más que tratar de ver si los niños provienen de las áreas urbanas o rurales, es la pobreza el factor determinante para avanzar o no en los niveles de cobertura escolar.

El tema de los refugiados fue analizado en detalle por la Oficina del Alto Comisionado para los Refugiados Acnur, que observó la situación en 114 campus de refugiados, en 27 países, y encontró que uno de cada cinco niños, esto es el 20%, no asiste a ningún programa escolar, y que si bien la relación de niñas por cada 100 niños que asisten ha mejorado al pasar de 89 en 2005 a 91 en 2007, la situación de las niñas sigue siendo preocupante por cuanto abandonan la escuela a más temprana edad, por razones diferentes como la pobreza en sus hogares y el hecho de que tengan que realizar los trabajos domésticos de su propia casa; la baja educación de muchas de estas niñas que quedan embarazadas a temprana edad, o los casos en que sus propios padres las inducen a la prostitución, por depravación y considerarlo una fuente de ingresos para la familia.

Cuando se habla de construir una nación es necesario revisar los indicadores numéricos, toda vez que estos dan las pautas para quienes deben tomar las decisiones políticas, pero al tiempo deben acompañarlos por los indicadores de calidad que conllevan otra serie de aspectos como las facilidades de las escuelas y colegios, disponibilidad y calidad de los salones de clase, apoyos didácticos y nivel de educación de los profesores. En esto se ha avanzado, con excepción de los países al sur del Sahara y de Asia; una comparación lo demuestra: en Oceanía, por ejemplo, la tercera parte de los niños que están en edad de atender a la educación secundaria están por fuera de las aulas, mientras que en los países del sur del Sahara solamente el 25% de los niños en edad de estar en la educación secundaria están enrolados y/o asistiendo.

4.3. Meta 3. Promover la igualdad de género y el empoderamiento de la mujer

El objetivo que se planteó fue el eliminar la disparidad de género en la educación primaria y secundaria, preferiblemente para el año 2005, y en todos los niveles de educación para el año 2015.[27]

Según el informe, las niñas tienen que esperar a ser admitidas en la educación primaria y secundaria en varias regiones del planeta; no obstante, y como un hecho positivo, se tiene que en muchos países en vías de desarrollo las puertas de la educación a los diferentes niveles se han venido abriendo. Incluso hay lugares donde el número de niñas enroladas en educación (en los diferentes niveles) está superando al de los hombres o se ha llegado a la paridad de género. Sin embargo, son las niñas las que siguen representando el 55% de la población en edad de estar cursando estudios de primaria o secundaria que están fuera del sistema.

Con relación a las oportunidades de trabajo para las mujeres, estas han venido creciendo en muchas regiones, pero los niveles de seguridad para permanecer en los cargos y las remuneraciones son más bajos para las mismas que para los hombres.

Cuando se analizan las cifras para las diferentes regiones, se observa un incremento en la participación de las mujeres empleadas en cargos en las zonas urbanas, entre 1990 y 2000, pero la proporción en promedio de todas las regiones no supera el 35%, con cifras que oscilan entre el 19% en el sur de Asia, y el 51% en los países denominados CIS (Comunidad de Estados Independientes).

En cuanto a lo que se podría llamar como el empoderamiento de la mujer (o adquirir espacios en los cargos de decisión política), el terreno ganando es poco. En 2008 la mujer tenía el 40% de las sillas de cinco parlamentos: en Ruanda el

[27] *Ibid.*, p. 16.

48,8%, en Suecia el 47%, en Cuba el 43,2%, en Finlandia el 41% y en Argentina el 40%. De igual forma, ocupaban por lo menos el 30% de las sillas en los parlamentos de 20 países, pero ninguno en Asia o en la renovación de los parlamentos de Micronesia, Nauru, Omán y Qatar. Y en la tercera parte de los demás países las mujeres constituyen menos del 10% de los miembros de los parlamentos.

Los países nórdicos son los que han mostrado los mayores avances en la representación de la mujer, logrando en promedio un 41% de participación. Así también ha ocurrido en los países de América Latina y el Caribe, donde ha habido avances importantes en este aspecto a diferencia de Oceanía que se estancó.

En enero de 2008, 7 de los 150 jefes de Estado eran mujeres, elegidas por elección popular (4,6%), y 8 de los 192 jefes de Gobierno de los Estados miembros de las Naciones Unidas.

4.4. Meta 4. Reducir la mortalidad infantil

Este objetivo se propone reducir en dos terceras partes, entre 1990 y 2015, la tasa de mortalidad de los niños menores de cinco años.

Según el informe de las Naciones Unidas,[28] aunque se han logrado avances en este aspecto, las muertes en niños con edades por debajo de los cinco años continúan siendo inaceptablemente altas.

Hay regiones como la sur saharial donde, por cada 1.000 niños que nacen vivos, 157 mueren antes de cumplir los cinco años. Similar situación la vive el sur de Asia con 81 niños muertos, Oceanía con 66 y Latinoamérica y el Caribe con 27. Esta última zona refleja, sin embargo, un gran avance con relación a los 82 que se registraban en 1990.

4.5. Meta 5. Mejorar la salud materna

El objetivo es reducir por tres cuartas partes la tasa de mortalidad materna en el periodo entre 1990 y 2015. Esto porque el alto riesgo de morir durante el periodo de embarazo o al momento del parto continua siendo alto en los países del sur del Sahara y de Asia, y muchos en vía de desarrollo. En 2005, 500.000 mujeres murieron durante el periodo del embarazo, al momento del parto o durante las primeras seis semanas después del parto. El 95% de estas muertes ocurrieron

---

[28] *Ibid.*, p. 20.

en los países en desarrollo y el 86% en los del sur del Sahara y de Asia.[29] En estos países, según el estudio, el riesgo que una mujer muera en esas tres fases es de 1 en 22 mujeres, mientras que en los países desarrollados ese riesgo es de 1 en 7.300.

Aunque los niveles de riesgo en los países latinoamericanos y del Caribe siguen siendo altos (180 mujeres mueren por cada 100.000 nacimientos vivos) están muy por debajo de los niveles en los países del sur del Sahara (920 por cada 100.000), pero por encima del promedio de las regiones del planeta con más alto nivel de desarrollo: 11 por cada 100.000.

Lo que se ha visto en el periodo entre el año 2000 y el año 2006 es que ha habido mejoras en estos indicadores, en la mayoría de los países y regiones del planeta, pero se sigue estando lejos de lograr el objetivo para el año 2015, por cuanto los avances son del 1% en la reducción de muertes, y el objetivo planteado es reducir en un 5,5% estas tasas de mortalidad.

Colombia debe trabajar mucho en este aspecto, sobre todo en regiones como el Chocó y la Costa Pacífica, el Putumayo, los departamentos que antes conformaban los territorios nacionales y los de la región del Magdalena Medio, la Guajira y varios otros departamentos de la Costa Atlántica.

Si el país quiere avanzar en la búsqueda de la competitividad internacional, debe abogar por políticas que favorezcan su mano de obra, y ello parte de contar con madres en buen estado de salud que no solo no mueran en el proceso de parto o post-parto y engendren niños y niñas saludables, sino que cumplan su función de madres por el resto de la vida de esa futura mano de obra, para que así, al llegar a la edad de trabajar, puedan competir en igualdad de condiciones con la mano de obra de los otros países. Es importante aclarar que el tema de salud es tan solo una parte, se requiere complementarla con educación en los diferentes niveles —que a su vez cumpla con una serie de requisitos como cobertura con equidad y calidad—.

4.6. Meta 6. Combatir el VIH/sida, el paludismo, la malaria y otras enfermedades

Este objetivo pretende que para el año 2015 se haya comenzado a reversar la tendencia de diseminación de estas enfermedades.

---

[29] *Ibid.*, p. 24.

Sobre todo en lo que tiene que ver con el VIH/sida, se percibe que esta enfermedad se ha venido diseminando en ciertas regiones del planeta como algunos países de África, Asia y Latinoamérica. Para explicar la magnitud del tema se tiene que en 1990 murieron 200.000 personas en los países del sur del Sahara, y en África, cifra que subió a casi 1.700.000 tanto en 2005 como en el año 2006.[30]

Se estima que para el 2007, 33 millones de personas en el mundo estaban infectadas con el virus, frente a 29.5 millones que se tenían en 2001; un crecimiento del 12% en el periodo. De estos, el 59% eran mujeres, en el caso de los países del sur del Sahara, 39% en Oceanía, 35% en Latinoamérica y 23% en las regiones más desarrolladas. Estas cifras tienen otra connotación en el sentido en que hace unos años se creía que era una enfermedad exclusiva de los homosexuales varones, lo cual, con el tiempo, se desmintió, pues es un virus que ataca por igual y, por tanto, las políticas de Estado deben estar orientadas a educar a toda la población con relación a sus conductas sexuales.

Sobre las metas 4, 5 y 6, que se refieren al tema de la salud, se hablará en seguida. Según el informe del Banco Mundial,[31] más de 10 millones de niños de los países en desarrollo mueren antes de cumplir los cinco años, y en muchos de los casos esas muertes son causadas por enfermedades que hubieran podido tratarse y curarse. La mortalidad infantil, continúa el informe, ha bajado desde 1990, pero el progreso ha sido lento. De la muestra de 179 países, solamente 35 cumplirán la meta del milenio de reducir la mortalidad infantil por dos tercereas partes entre 1990 y el 2015. Como en la gran mayoría de los casos, el progreso en este vital aspecto ha sido lento en los países de África y el sur del Sahara, donde las tasas de VIH/sida, malaria, otras enfermedades y malnutrición superan los promedios mundiales.

El documento del Banco Mundial presenta otra cifra que debería llamar la atención a los que deciden sobre las políticas públicas, particularmente en los países en desarrollo. El texto dice que anualmente mueren 500.000 mujeres al

---

[30] Esa cifra fue corroborada por una presentación hecha por un funcionario de Unicef en Managua, Nicaragua, un 24 de octubre (día de las Naciones Unidas), entre los años de 1999 y 2001, no lo recuerdo bien, cuando yo era funcionario del PNUD. Aquel presentó una serie de cifras que estremecieron al auditorio, nos explicó que existen regiones en varios países en los que tribus y/o pueblos completos han desaparecido por causa de esa enfermedad, e incluso nos mostró cifras para algunos países de Centro América y del Caribe, que si bien no se comparaban con las de África, sí resultaron preocupantes, entre otras cosas por la timidez de los gobiernos en cuanto a campañas agresivas de prevención.

[31] *Op. cit.*, pp. 6-7.

momento del parto y 10 millones quedan lisiadas o con algún problema serio de salud, simplemente porque no fueron atendidas por personal capacitado en ese momento, algo que debería ser un derecho y, como tal, no generar los traumas que las cifras indican.

4.7. Meta 7. Garantizar la sostenibilidad ambiental

Este objetivo pretende integrar los principios de sostenibilidad ambiental dentro de las políticas y los programas de los diferentes gobiernos, así como reversar la tendencia de destrucción de los recursos naturales.

Las acciones que se definieron en la reunión del milenio en el año 2000 fueron: a) trabajar el tema relacionado con las emisiones de gases; b) lograr una mayor atención para las áreas marinas y la conservación de la tierra; c) bajar los niveles de deforestación y preservar la biodiversidad; d) controlar la explotación y preservar las especies en extinción, y e) implementar políticas de pesca y manejo que reduzcan la desaparición de las especies.

El tema del agua es crucial en esta meta por cuanto aproximadamente la mitad de la población mundial tiene problemas de agua potable; el uso de esta aumentó al doble de la tasa de crecimiento de la población durante el siglo pasado. Aproximadamente 1.2 billones de personas vive en zonas con grandes déficits de agua.[32] Muchos países de África y Asia, incluyendo India y China, sufren este problema, lo cual es más grave porque son los países más poblados del planeta.

El tema del agua se extiende a las cuestiones sanitarias que se convierten en caldos de cultivo para la propagación de una serie de enfermedades. Hay regiones en donde el agua para consumo humano debe competir con el agua para usos industriales y/o agrícolas, lo cual la encarece y sus precios no pueden ser absorbidos por millones de personas, cuyos ingresos no superan el dólar diario. Esto significa muchas veces la muerte.

Por su parte, el tema del dióxido de carbono como un contaminante del ambiente se ha venido tratando con mucho más fuerza en los últimos diez años, entre otras por los efectos dañinos que causa en la salud. Los Estados Unidos, en los tiempos de la presidencia de George W. Bush, se rehusaron constantemente

[32] El Banco Mundial en su estudio *World View*, antes citado, hace referencia a un billón de personas que en los países en desarrollo tiene serios problemas de acceso a agua potable y, como ya es común en todas las metas, el problema es más sentido en los países africanos ubicados al sur del Sahara.

a firmar el Tratado de Kioto; sin embargo, se ventilan nuevos tiempos y cambios en la administración de Barack Obama, pues desde su discurso de posesión, el 20 de enero de 2009, insistió en que el tema ambiental será una de sus prioridades y preocupaciones.

4.8. Meta 8. Fomentar una alianza mundial para el desarrollo

La ayuda externa que los países más avanzados han ido proporcionando a los que se encuentran en vías en desarrollo ha venido declinando al pasar de US $107 billones en 2005, a US $103.7 billones en 2007 (dólares constantes de 2006). Por ello, en este aspecto se requieren mayores compromisos y, sobre todo, que los países cumplan con aquello que prometen, que lo hagan a tiempo y en forma, para que los programas y proyectos se puedan implementar.

Un aspecto crítico y que se profundizará en el siguiente capítulo se relaciona con los apoyos y subsidios que los países desarrollados dan a sus sectores agropecuarios, al tiempo que piden que los países menos desarrollados eliminen sus bajas protecciones a dicho sector. Esta situación distorsiona los precios internacionales de la gran mayoría de los *commodities*, y afecta negativamente los ingresos rurales de millones de campesinos de África, Asia y Latinoamérica.

5. La Organización Mundial de Comercio (OMC)

Según el Ministerio de Comercio, Industria y Turismo, la OMC es la sucesora del Acuerdo General de Aranceles Aduaneros y Comercio (GATT, por sus siglas en inglés), que estuvo vigente entre 1947 y 1994, y que reguló el comercio internacional desde su suscripción en 1947. Sin embargo, mientras que el GATT era un acuerdo aplicable al comercio de mercancías entre unos cuantos países, la OMC es una organización de carácter mundial a la cual pertenecen 153 países de los cinco continentes, que adopta e institucionaliza el GATT como su acuerdo base, pero lo profundiza y expande a un total de 13 acuerdos que abarcan todos los ámbitos del comercio de bienes, además de incorporar un Acuerdo Especial para el Comercio de Servicios (GATS, por sus siglas en ingles) y un Acuerdo sobre los Aspectos de los Derechos de Propiedad Intelectual, relacionados con el comercio (TRIPS, por sus siglas en ingles).

El propósito fundamental de la OMC es contribuir a que las corrientes comerciales circulen con fluidez, libertad, equidad y previsibilidad.[33] Sus funciones son:

- Servir de foro para las negociaciones comerciales.
- Resolver las diferencias comerciales.
- Examinar las políticas comerciales nacionales.
- Ayudar a los países en desarrollo con las cuestiones de política comercial, prestándoles asistencia técnica y organizando programas de formación y cooperación con otras organizaciones internacionales.
- Administrar los acuerdos comerciales.

A la OMC acuden los gobiernos miembros para tratar de arreglar los problemas comerciales que tienen entre sí; el primer paso es hablar. Fue una organización que nació como consecuencia de unas negociaciones y todo lo que hace es el resultado de las mismas; se conforma actualmente como el foro de nuevas negociaciones en el marco del "Programa de Doha para el Desarrollo", iniciado en 2001.[34]

Es importante observar, tal y como se verá en el capítulo siguiente, que es poco lo que ha logrado la OMC en beneficio de los países pobres, por cuanto los desarrollados mantienen e incluso han incrementado considerablemente los subsidios y los apoyos internos y en frontera a sectores fundamentales, como el agropecuario, en perjuicio a los productores rurales de los países en desarrollo de África, Asia, el Caribe y Latinoamérica.

---

[33] Organización Mundial del Comercio (OMC).

[34] http://www.wto.org/spanish/thewto_s/whatis_s/tif_s/fact1_s.htm

Capítulo III
Colombia y el mundo

1. Introducción

En la Declaración de Doha los jefes de Estado de 146 países acordaron unos principios fundamentales para las relaciones comerciales, buscando un comercio más justo y equitativo. A partir de dicha declaración se plantearon los pilares para las negociaciones que han definió el gobierno del presidente Uribe, de Colombia, y se avanzó en la revisión de una serie de estudios y documentos de fuentes de alta credibilidad como los del Banco Mundial, la OECD, la CEPAL, la Universidad de Tennessee, el Ministerio de Agricultura y Desarrollo Rural de Colombia, entre otros, que demuestran que dicha declaración ha quedado en otro documento de buenos propósitos, pero sin aplicaciones prácticas. Ello, entre otras razones, por los altos subsidios que dentro del marco del Farm Bill o Ley Agrícola de los Estados Unidos, así como de la Política Agraria de la Unión Europea (PAC) y los subsidios del Japón a su sector agropecuario —todos superando los US $380.000 millones—, distorsionan los precios internacionales de muchos *commodities* y mandan a la pobreza y pobreza extrema a millones de agricultores y ganaderos de los países subdesarrollados, particularmente de África, Asia y Latinoamérica.

La segunda parte de este capítulo se refiere a la participación de Colombia en una serie de tratados y acuerdos de comercio suscritos en los últimos años, y que son fundamentales para entender, entre otras cosas, la necesidad que para el país representa la entrada en operación del TLC con los Estados Unidos, sobre la hipótesis de que ello se logre en el mandato del recientemente posesionado presidente, Barack Obama.

2. Declaración de Doha

Los 146 países miembros se comprometieron a lograr:

> Mejoras sustanciales del acceso a los mercados; reducciones de todas las formas de subvenciones a la exportación, con miras a su remoción progresiva, y reducciones sustanciales de la ayuda interna causante de distorsión del comercio. También acordaron que el trato especial y diferenciado para los países en desarrollo será parte integrante de todos los elementos de las negociaciones.[35]

3. Pilares en las negociaciones internacionales por parte de Colombia

Desde la primera administración del presidente Álvaro Uribe Vélez, en su Plan de Desarrollo "Hacia una Economía Comunitaria" se definieron los pilares para todas las negociaciones internacionales relacionadas con el comercio de Colombia. Esos pilares son:

a. Mejoras sustanciales en acceso a mercados
b. Remoción de las subvenciones a las exportaciones
c. Reducciones sustanciales de las ayudas internas

Bajo estos pilares el país tiene tres fundamentos:

a. Mantener la ambición de la Declaración de Doha como principal objetivo de la política comercial.
b. Reconocer el nexo existente entre los tres pilares puesto que la sola reducción de aranceles no es suficiente, y se requieren logros respecto a las otras dos.
c. Eliminar las diferentes formas de ayudas que distorsionen el comercio.

Como se aprecia, tanto los pilares como los fundamentos guardan estrecha relación con la Declaración de Doha, y ello fue punto de partida en las catorce

[35] Tomado de: Ministerio de Agricultura y Desarrollo Rural, *El agro de cara al TLC*, Bogotá, febrero de 2004.

rondas de negociación que se sostuvieron con Estados Unidos, con miras a un TLC —inicialmente este contaba con Ecuador y Perú, pero por varias razones estos países se abrieron; Perú decidió suscribir su tratado independientemente y Ecuador, que en los últimos años ha estado en constante disputa con los Estados Unidos, decidió simplemente no continuar con las negociaciones—.

En el caso específico de los Estados Unidos, sus negociadores siempre indicaron que estaban dispuestos a tratar dentro del TLC con Colombia o con cualquier país lo concerniente a los dos primeros pilares, y que el tercero, el relacionado con sus ayudas internas, solo lo negociaría dentro del marco de la Organización Mundial de Comercio (OMC). Sin embargo, es importante tener en cuenta que ese es el pilar fundamental, es el que más incidencia tiene en la distorsión de los precios internacionales de los principales *commodities* cuando del sector agropecuario se trata. Del Farm Bill o Ley Agrícola que el presidente Bush de los Estados Unidos firmó en 2002, que otorgaba unos subsidios a su sector agrícola (equivalente al agropecuario colombiano) de US S180.000 millones, las dos terceras partes, esto es US $120.000 millones, se aplicarían a esta categoría.

Antes de aquella ley y de la renovación de la Política Agrícola Común de la Unión Europea (PAC), también en 2008 los subsidios a la agricultura por parte de los Estados Unidos, la Unión Europea y Japón ascendían a US $330.000 millones. Como se mostrará con una serie de estudios de instituciones reconocidas como el Banco Mundial, la CEPAL y algunas universidades americanas, esos subsidios generan un daño tan grande, que condenan a la pobreza y pobreza extrema a millones de campesinos de África, Asia y Latinoamérica.

Tal y como se aprecia en la gráfica siguiente, elaborada por el Ministerio de Agricultura y Desarrollo Rural de Colombia, el 81% de los subsidios corresponden a la Unión Europea (36%), los Estados Unidos (28%) y Japón (17%). En este último caso, el subsidio que se les da a los arroceros japoneses equivale al 700% del precio internacional y ello afecta negativamente a los productores de arroz de otros países en vías de desarrollo. Es ante estas situaciones que Stiglitz, en varias de sus obras, indica no estar de acuerdo con la globalización; pero no es que él esté en desacuerdo con la apertura de mercados o la eliminación de barreras al comercio, sino con la forma como ella se ha venido implementando. Es más, él ha planteado que la globalización ha permitido contar con estados ricos y poblaciones pobres, esto es, que la inequidad del proceso se da tanto entre países como en su interior, como ocurrió con el TLCAN, en México, donde gracias a los incrementos significativos en los flujos de comercio entre este país y los Estados Unidos, muchas familias que antes eran ricas ahora cuentan con unas fortunas inmensas. Incluso, según la *Revista Forbes*, un mexicano es considerado el hombre más rico del mundo, pero, paralelo a ello, muchos son los pueblos del país azteca que se han empobrecido.

Gráfica 3.3.1. Distribución del total de los subsidios estimados a la agricultura (PSE), 380.000 US $ millones en 2008

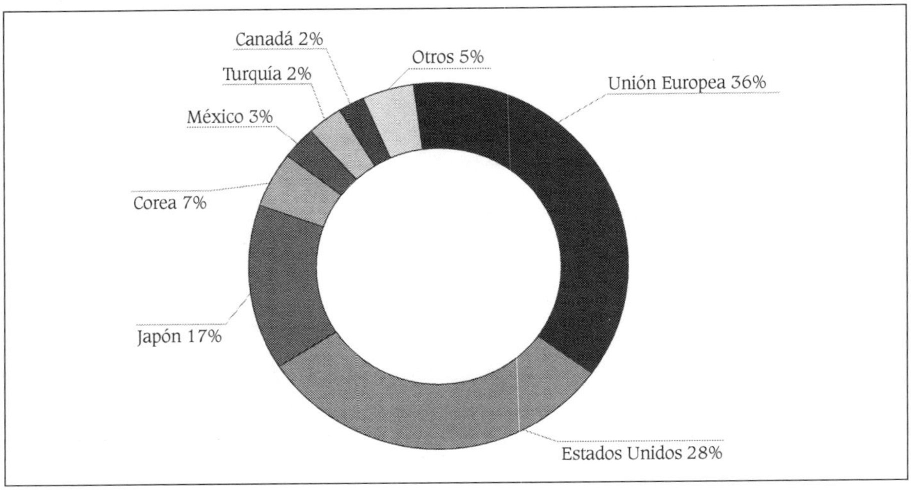

Fuente: datos de la OECD.

La Ley Agrícola firmada por Bush en agosto de 2008 incrementa los recursos con relación a la Farm Bill, del año 2002, en un 70%, al pasar de US $180.000 a US$ 307.000 para el periodo entre 2009 y 2013. Ello equivale a un promedio anual de US $61.400 millones que sumados a los US $65.000 millones, aproximadamente, de la Unión Europea —según el presupuesto aprobado para la PAC, estimado en 50.000 millones de euros anuales— arrojaría la no despreciable cifra de US$ 126.400 millones anuales para subsidiar y brindar apoyos internos a sus sectores agrícolas. Esto pone en total desventaja a los países en desarrollo que compitan por precio en los mercados internacionales, y no es solo esto lo que resulta preocupante, sino el hecho de que organismos como la OMC, que entre otras fue creado para regular el comercio mundial, no haga mayor cosa para proteger los intereses de millones de agricultores y ganaderos de los países en vías de desarrollo.

4. La formación de precios[36]

Estados Unidos y la Unión Europea, que responden por las dos terceras partes de los subsidios agrícolas del mundo, son los reales formadores de los precios internacionales de los bienes agropecuarios más sensibles como la leche, el azúcar, el arroz, el maíz y el algodón, en cuya producción, bajo condiciones de un comercio genuino y totalmente libre de subsidios, cuotas, demás restricciones y sus consecuentes distorsiones, varios países en desarrollo podrían, con tecnología adecuada, llegar a ser muy competitivos, entre ellos Colombia.

5. La realidad internacional no corresponde a los acuerdos de Doha

5.1. Ley Agrícola de Estados Unidos de 2002 o Farm Bill y Ley Alimentaria, de la Conservación y la Energía de 2008

Estados Unidos busca acceso a mercados mediante eliminación de aranceles y demás medidas de frontera, pero sin reducción de sus ayudas internas. Los subsidios por US $180.000 millones entre 2003 y 2009 son superiores en un 80% a los que estuvieron vigentes durante el periodo entre 1996 y 2002.

En agosto de 2008 se logró la aprobación de una nueva Ley Agrícola en el Congreso de los Estados Unidos que modificaba aspectos sustanciales que se tenían con la ley de 2002. Por considerarlo de interés, se tomarán algunos aspectos de los comentarios que realizaron los investigadores Sophia Murphy y Steve Suppana (2009) del Institute for Agricultural and Trade Policy de Minneapolis, Minnesota,[37] sobre la nueva ley:

> La Farm Bill, también conocida como Ley Alimentaria, de la Conservación y la Energía de 2008, establece la política agrícola de los EUA para los próximos cinco años. La Ley de Alimentación, conservación y de energía (Farm Bill de 2008) autoriza el gasto de hasta 307 mil millones de dólares durante cinco ejercicios fiscales, a partir del 1 de octubre de 2008. El proyecto de ley contiene 15 "títulos". Cada uno se ocupa de un área

[36] Ministerio de Agricultura y Desarrollo Rural. *El Agro de cara al TLC*. Bogotá, febrero 2004 (basado en datos de la OECD de 2002).

[37] Murphy Sophia & Suppana Steve. *Institute for Agricultural and Trade Policy*. Minneapolis, Minnesota, 2008.

> diferente, incluidos los programas de nutrición, investigación, ganadería, conservación, comercio y mucho más. Además, a los programas de seguros de cultivos se les han asignado aproximadamente el 8% del gasto, o 23 mil millones de dólares en cinco años. Las proyecciones de gasto en productos básicos, la conservación y el comercio en el proyecto de ley 2008 están entre US $72 y $74 mil millones, lo que es considerablemente inferior al gasto real sobre esos temas en virtud de la Farm Bill de 2002 (US $95 mil millones en cinco años).

El costo real de la Farm Bill 2008 es impredecible, debido a que la cantidad que efectivamente será pagada variará con respecto a la media anual de los precios de mercado y al rendimiento de las cosechas, junto a los precios objetivo establecidos en la legislación y los rendimientos históricos por acre en las diferentes regiones. El mecanismo de financiación es tal que si el gasto es inferior a las previsiones, el Congreso no está en libertad de reasignar los ahorros para financiar al resto de la legislación. Y además, si las condiciones del mercado empujan el gasto público por encima del nivel previsto, el Congreso puede aprobar una asignación "suplementaria" sin tener que reescribir la Farm Bill.

La Ley Agrícola de 2008 introduce un nuevo programa opcional para los agricultores llamado ACRE, por sus siglas en inglés (que significa Ingresos Opcionales Promedio de Cultivos), que tiene por objeto proteger a los agricultores de los bajos rendimientos y precios. El seguro de cultivos considerado en la Farm Bill solo protegía contra la pérdida de cultivos o de bajos rendimientos. El ACRE también protege frente a una caída de los precios, resultante de una política que no afecte a los rendimientos (por ejemplo, la eliminación de los aranceles a las importaciones de etanol).

El ACRE se ha presentado también como una forma de hacer más compatibles los programas de materias primas de Estados Unidos con los pagos de ayuda interna, por el factor de rendimiento (y no solo de precio) de la OMC. En la disputa comercial en la OMC contra los subsidios al algodón de Estados Unidos, el tribunal calificó como de ilegales los precios derivados de pagos contra-cíclicos de este país (apoyo para contrarrestar la caída de los precios). El ACRE los enlaza con los rendimientos promedio; sin embargo, es probable que otros miembros de la OMC tratarán de clasificar el programa en la caja ámbar, toda vez que, parte de la fórmula de MGA, Medidas Generales de Apoyo (AMS, por sus siglas en inglés), incluye la "cantidad de producción" como un factor de pago.

El nivel del ACRE se obtiene a partir de una media de cinco años de rendimiento (después de la eliminación de los mejores y peores años de rendimiento) y del precio promedio nacional de dos años para las cosechas más recientes del mercado. El ACRE paga cuando el nivel real de ingresos para los productos básicos es inferior a los ingresos de garantía. Sigue siendo un pago contra-cíclico pero modificado por el factor de rendimiento. Los agricultores que opten por el ACRE renuncian a su derecho de participar en los actuales programas de apoyo, incluyendo el 20% de los pagos directos y el 30% de los préstamos para comercialización.

La fórmula de pago se basa en el promedio anual del precio de mercado para los cultivos durante el par de años anteriores. En los dos últimos años, 2006 y 2007, se registraron precios altos en los cultivos. La próxima probable caída de los precios podría desencadenar grandes pagos a los agricultores, en virtud de las disposiciones del ACRE, si un gran número de ellos opta por inscribirse en el programa. El precio ACRE, los rendimientos y el programa de matriculación son factores que hacen que sea difícil predecir la cantidad de pagos del programa que los Estados Unidos informen a la Comisión de Agricultura de la OMC.

5.2. Política agrícola común de la Unión Europea

Desde que inició operaciones, en 1958, el Mercado Común Europeo, compuesto por seis países, ha tenido en su mira como uno de sus grandes propósitos consolidar y abogar por una política agrícola común, la PAC, que ha tenido dos fundamentos: asegurar tanto los ingresos justos para los agricultores y ganaderos de la hoy Unión, antes Mercado Común, como la producción de alimentos de alta calidad para los consumidores. En promedio, el 50% del presupuesto de la Unión Europea va para la PAC. Francia ha sido la líder de esta política y, sobre todo, ha velado para que los intereses de la política de la Unión no vayan en contravía de los intereses franceses, es más, ha sido tan rígida la PAC, y los miembros de la Unión tan celosos con relación a ella, que la inclusión de nuevos miembros en más de una ocasión se ha tardado tanto que no se han logrado acuerdos en esta materia.

Los fundamentos de la PAC son: a) incrementar la productividad; b) garantizar un nivel de vida equitativo a la población agrícola; c) estabilizar los mercados; d) garantizar la seguridad de los abastecimientos y asegurar al consumidor suministros a precios razonables.

La PAC ha contribuido al crecimiento económico de los países de la Unión, garantizando el suministro de una amplia gama de productos alimenticios de calidad y materias primas para la industria a precios razonables. La PAC ha recibido críticas porque parte de sus productos subvencionados se desechan o se exportan a precios por debajo de sus costos a países pobres, afectando la producción interna de dichos países, lo cual, a la larga, ha contribuido a generar más pobreza y pobreza extrema. El argumento que ha utilizado la Unión Europea es que si no tuviera estos subsidios y apoyos internos a la agricultura, sus productores rurales se verían abocados a una competencia dispareja, en el sentido en que no solo los salarios rurales en los países pobres son más bajos que en la Unión Europea, sino que existe explotación laboral, ausencia de seguridad laboral o incluso reciben apoyos gubernamentales que no son reportados ante la OMC.[38]

Aquí hay elementos de fondo que ameritan investigaciones futuras, pues los argumentos de la Unión Europea, que en mucho son similares a los de los Estados Unidos y Japón, son simples y fáciles de rebatir en un contexto de equidad mundial o, como se define en la Declaración de Doha, en un mundo donde se apela por un comercio justo. Bajo cualquier situación, independientemente del sector, industria o país, a no ser que el argumento sea la Seguridad Nacional, vender por debajo de costo de largo plazo configura *dumping*, y más aún si ello implica dolo, esto es, dañar a un tercero. Argumentar que la mano de obra en los países pobres es más barata, es llevar el tema a la sin razón; claro está que es más barata, pero es que también la productividad marginal de dicho trabajo es más baja por múltiples razones (condiciones de clima, trabajo, salud, educación, motivación, disposición de tecnología e instrumentos de trabajo): no es comparable arar la tierra con bueyes, como ocurre en muchos países de la región sur saharial en África, que con un tractor con aire acondicionado y equipo de sonido, como ocurre en las plantaciones europeas y americanas. En ese sentido tampoco se pueden comparar y poner en el mismo plano a unos agricultores africanos, asiáticos o latinoamericanos, que no reciben asistencia técnica ni transferencias de tecnología (entre otras, porque no saben ni leer), con agricultores que, en

[38] Colaboradores de Wikipedia. Política Agrícola de la Unión Europea. Enero 28 de 2009. Código de versión de la página 23608030.

el peor de los casos, cuentan con un título de pregrado en disciplinas afines al campo, y que a veces, como ocurre con los arroceros de Japón, reciben un subsidio que equivale al 700% del precio internacional, afectando a los arroceros de varios países del sureste de Asia, quienes estarían en condiciones de proveer todo el arroz que Japón demanda.

Mediante la Convención de Lomé y dentro del marco de la PAC, se extienden una serie de preferencias arancelarias y otras restricciones a 79 países de África, Asia y el Caribe. Colombia tendría que revisarlas muy bien si a futuro aspira a un TLC con la Unión Europea, tal y como está planteado. En el libro sobre los efectos esperados del ALCA y el TLC sobre el sector agropecuario del Valle del Cauca, hay un anexo que trata este aspecto y, por tanto, a los lectores que les interese profundizar un poco más en los alcances de la PAC se les recomienda consultarlo.[39]

6. Resumen de algunos estudios relacionados con la temática de los subsidios y sus implicaciones para los países en desarrollo

El Banco Mundial en un estudio sobre las perspectivas económicas mundiales plantea:[40]

> El 70% de los pobres del mundo vive en las zonas rurales y obtiene sus ingresos de la agricultura.
>
> La agricultura es uno de los sectores más distorsionados del comercio internacional.
>
> Los amplios subsidios que se otorgan a los productores en los países miembros de la Organización de Cooperación y Desarrollo Económico (OCDE), y dado que esta representa 2/3 del comercio agrícola mundial, ponen de relieve la importancia de las políticas de esos países para los resultados en términos de desarrollo.
>
> Si se redujera la protección únicamente en la agricultura, se generarían aproximadamente 2/3 de los beneficios que obtendrían con la plena liberalización del comercio mundial de todas las mercancías.

---

[39] Palacio, Ivarth. *Op. cit.*, pp. 175-188.

[40] Banco Mundial. *Perspectivas económicas mundiales*, 2007.

Las subvenciones en los países de la OCDE ascendieron a US $380.000 millones en 2008, de los cuales US $285.000 millones se pagan directamente a los productores. Esto estimula la superproducción en los países ricos con costos elevados y excluye a los productos potencialmente más competitivos de los países pobres.

Los países de la OCDE otorgan a los productores de azúcar US $6.400 millones por año, lo cual equivale al total de las exportaciones de este producto de los países en vías de desarrollo. Las importaciones en estos países se han reducido casi a cero aunque tengan que producir azúcar de remolacha a costos altísimos, y convertir el maíz subsidiado en jarabe de maíz con alto contenido de fructuosa.

Los subsidios de Estados Unidos a los productores de algodón ascendieron a US $4.500 millones en 2003, lo cual equivale a tres veces la ayuda de dicho país a África. Estas subvenciones deprimen los precios mundiales del algodón y reducen el ingreso de miles de agricultores pobres de África Occidental, Asia Central y Meridional y los países pobres de todo el mundo. En África Occidental, donde el algodón es un cultivo crítico y de subsistencia para los pequeños productores, las pérdidas anuales ascienden a US $250 millones por concepto de los bajos precios internacionales.

Tal y como se indicó arriba, en el Japón la ayuda a los productores de arroz equivale al 700% del valor de la producción a precios mundiales, esto afecta a productores pobres de la India, Tailandia, Vietnam y otros países pobres de Asia y África.

Mas del 70% de las subvenciones de los países ricos se dirigen a agricultores en gran escala, con frecuencia grandes empresas, en otras palabras y según el propio Banco Mundial, los subsidios hacen que los relativamente ricos sean aún más ricos y que los pobres sean aún más pobres, lo cual es coherente con lo que plantea Stiglitz.

Gráfica 3.6.1.

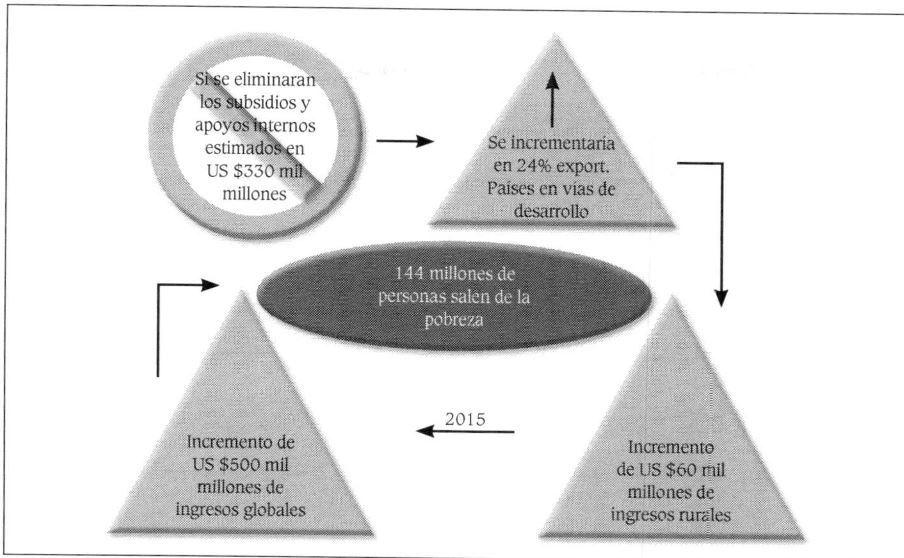

Fuente: Banco Mundial, several issues.

En esta gráfica se puede apreciar que si realmente los países desarrollados respetaran la Declaración de Doha, las exportaciones de los países en vías de desarrollo se incrementarían en un 24%, ello permitiría subir los ingresos rurales de los países pobres en US $60.000 millones y, para el año 2015, ese incremento ascendería a US $500.000 millones. Así saldrían de la pobreza 144 millones de personas de varios países de África, Asia y Latinoamérica.

The International Food Policy Research Institute (IFPRI) asegura que en el caso de Colombia su balanza agropecuaria neta (exportaciones menos importaciones) sería más alta, en US $743 millones, y el 50% del aumento de sus exportaciones agropecuarias provendría de la liberalización total y genuina del agro de Canadá y los EstadosUnidos.

En un estudio de la Universidad de Tennessee elaborado por los profesores Daryll Ray, Daniel de la Torre Ugarte y Kelly Tiller,[41] se indica:

> Existe una política agrícola americana falsa y un doble discurso en el sentido que provee unos excesivos pagos en subsidios a los finqueros

[41] Ray, Daryll; De La Torre Ugarte, Daniel & Kelly Tiller. *Rethinking US Agricultural Policy*. University of Tennessee, 2006.

americanos, mientras que simultáneamente tratan de obligar a otros países en vías de desarrollo a que reduzcan sus apoyos internos. «*Do as i say, not as I do*».

De 1950 al 2003 el número de fincas bajó de 5,5 millones a 2 millones, y el área se mantuvo en 250 millones de acres, lo cual indica que el tamaño de cada explotación se incrementó en 2,5 veces o, en otras palabras, que los beneficios de la política agrícola se han transferido hacia las medianas y grandes explotaciones y hacia las empresas agroindustriales.

El futuro para 2.500 millones de personas que viven del campo en los países en desarrollo es especialmente gris como resultado de las políticas en los Estados Unidos, la Unión Europea y Japón.

El artículo concluye que es tiempo de reconocer que una política de bajar los precios de los productos del campo solo beneficia a las grandes agroindustrias, a las empresas integradas y a los importadores, pero es desastrosa para los finqueros americanos y alrededor del mundo, y que si ella continúa es una garantía de crisis perpetua y desastres en el planeta.

En el estudio se demostró que los Estados Unidos han venido exportando pobreza con sus productos a través de sus continuas medidas que deprimen los precios internacionales de los *commodities*.

Concluye que se requiere un cambio en la política agrícola de los Estados Unidos, conjuntamente con la de los países mayormente exportadores, de tal forma que se eleven los niveles de vida de los finqueros particularmente en países en vías de desarrollo.

En un artículo publicado en el diario *El Tiempo* de Bogotá, se encuentra un resumen de otro artículo de Paul Krugman, premio nobel de economía (2008), y que resulta importante citarlo en esta parte:

El comercio entre los países desarrollados (PD) representa cerca del 80% del comercio mundial. Este comercio principalmente está compuesto por bienes manufacturados intensivos en capital, conocimientos y tecnología. Por otro lado, entre los PD y los países en desarrollo (PED) representan el 20% del comercio mundial. Este es un comercio complementario, los PED exportan materias primas, alimentos y en menor medida bienes manufacturados intensivos en mano de obra.

El comercio entre PED y PD puede ser explicado por el principio de la ventaja comparativa Ricardiana. Colombia, por ejemplo, exporta bananos a Estados Unidos y le compra tractores. Sobre esta clase de comercio están sustentados los beneficios del libre comercio. Sin embargo, el comercio PD-PD no puede ser explicado de la misma manera, y Paul Krugman, basado en el trabajo de Frank Graham, publicado en 1923 construye una explicación satisfactoria.

El argumento de Krugman es que el comercio PD-PD no puede ser explicado por la teoría convencional de las ventajas comparativas porque: Primero, la mayor parte del comercio es entre países, Estados Unidos, la Unión Europea y Japón, con dotación de factores similares. Y segundo, la mayoría de su comercio es intraindustrial, es decir, en productos similares, pero diferenciados, como los autos, y de doble vía. La UE exporta BMW, Volvos, Mercedes mientras importa autos japoneses o americanos.

Krugman en su artículo "Economía de escala, diferenciación del producto y el patrón de comercio" (1980), citado por Guillermo Maya Muñoz,[42] afirma que un nuevo marco teórico, diferente al ricardiano, se necesita para analizar los patrones de comercio de los PD, uno que incluya economías de escala, la posibilidad de diferenciación del producto y la competencia imperfecta.

La producción de bienes manufacturados está caracterizada por rendimientos crecientes a escala y costos decrecientes. Es decir, a medida que se produce más, los costos unitarios son más bajos. En este sentido, los productos que exportan los PD, se excluyen las materias primas, son aquellos para los cuales estos mismos países tienen un mercado interno importante. Un país será un exportador neto de aquellos productos para los cuales tiene una demanda interna grande. Esta situación (demanda interna grande) permite economías de escala en la producción. Si dos países tienen la misma composición de la demanda, como la tienen los PD, el país más grande (en términos de mercado) será el exportador neto de aquellos productos cuya producción involucre economías de escala.

---

[42] Krugman, Paul. *Economías de escala, diferenciación del producto y el patrón de comercio* (1980); citado por Maya Muñoz, Guillermo, *El Tiempo*, Bogotá, 20 de octubre de 2008.

> La conclusión de Krugman es que, a pesar de que este comercio no se adapta a las condiciones del comercio ricardiano, el libre comercio sigue siendo la mejor política. Claro, después de que un país se desarrolla, la mejor política es el libre comercio. Pero ¿qué pasa con los PED? Estos países producen y exportan hacia los PD materias primas, alimentos y manufacturas intensivas en mano de obra. Estas producciones se caracterizan por tener rendimientos decrecientes a escala y costos crecientes. Producir una unidad más del producto cuesta más que la anterior.
>
> Además, los mercados de materias primas se acercan más al modelo de competencia perfecta desde el punto de vista de la oferta. Es decir, el poder de mercado de los PED, exceptuando ciertos carteles de materias primas, como el del petróleo (la OPEP), es casi nulo. Por otro lado, los bienes son homogéneos, sin ninguna diferenciación apreciable y además son bajos en conocimientos y tecnologías. En el caso de muchas manufacturas como los textiles, calzado, etc., las economías de escala ya han sido totalmente explotadas, y actualmente, exhiben rendimientos decrecientes.
>
> En este caso, el comercio entre PED y PD no justifica el libre comercio, porque este reafirma el patrón de comercio del país pobre.
>
> En la traducción del artículo de Krugman, la conclusión de Guillermo Maya Muñoz es "que abogar por un tratado de libre comercio entre Colombia y los Estados Unidos, es abogar por un comercio empobrecedor, aunque los intereses de Colombia terminan beneficiándose, pero hipotecando el futuro del país a una inserción internacional que lo condena a producir bienes de poco valor agregado, de baja tecnología, y con estructuras productivas de bajos salarios".

A juicio del autor esta conclusión es miope, por no decir otra cosa, pues si Colombia como país pobre espera desarrollarse para poder suscribir acuerdos o tratados de libre comercio como el que se espera con los Estados Unidos, el firmado con Canadá y el que se tiene planteado con la Unión Europea, tendría que esperar decenios porque según el informe de competitividad de noviembre de 2008, el país debe crecer una tasa promedio anual del 8% para, en el año 2032, estar en la categoría de países de ingresos medios (US $18.500/año de ingreso *per cápita*). Eso no se dio para 2008 y las proyecciones para 2009 no superan el 2%, las más optimistas (se está hablando de crecimientos en el PIB), pero aún así, se puede suponer que a partir de 2010 pasa algo inesperado y el PIB se dispara en su crecimiento y se logra la meta para 2032 (dentro de 23 años). Para que algo así ocurra, Colombia tendría que perder el comercio con su principal socio, los Estados Unidos, que le compra el 40% de las exportaciones, además, para esa época, ese país debería tener en operación tratados de libre comercio con por lo menos 40 naciones, muchas de ellas PED, como Chile, Corea, Perú, Panamá, países centroamericanos, de África, el Caribe y Asia, así como otros cuya estructura productiva en varios aspectos o sectores sea similar a la de Colombia como México, que tiene el TLCAN, y Australia que ya tiene un TLC con Estados Unidos.

De acuerdo con lo anterior, Colombia debe jugar con los tiempos y con lo que están haciendo otros países, y dejar los miedos a insertarse con decisión y fuerza en los mercados internacionales, dado que con solo el mercado local que es pequeño y con ingresos *per cápita* relativamente bajos, es imposible lograr las metas que se plantearon para el año 2032.

7. Política del comercio exterior de Colombia

Si bien en los decenios de los cincuenta y los sesenta el país se caracterizó por seguir el modelo cepalino o de sustitución de importaciones liderado en Latinoamérica por Raúl Prebisch, una vez llega a la presidencia de la República, en 1966, el doctor Carlos Lleras Restrepo, se da un vuelco de 180 grados a la política comercial, bajo el pensamiento de que el país tenía que pensar más en los mercados internacionales. Fue así como se entabló una medida de devaluación gota a gota para abaratar los exportables nacionales y lograr una mayor competitividad; se implantó el certificado de abono tributario para apoyar las exportaciones; se creó el Fondo de Promoción de Exportaciones (Proexpo); se implantó el Plan Vallejo y se presentaron al Congreso de la República una serie de proyectos y medidas de política que beneficiaran a los exportadores, e incluso se dieron instrucciones a la Cancillería para que por su conducto todas las embajadas y consulados que Colombia tenía en el exterior, utilizaran su poder de gestión para que apoyaran las misiones de empresarios que desearan abrir nuevos mercados o ampliar los existentes.

Los presidentes que lo sucedieron (Pastrana Borrero, López Michelsen, Turbay Ayala, Betancourt Cuartas y Barco Vargas), unos con más fuerza que otros, continuaron con esa política de promover las exportaciones pero sin desproteger el mercado local, esto es, manteniendo aranceles altos para la importación de la gran mayoría del universo arancelario. A la llegada a la presidencia de la República, en agosto de 1990, de César Gaviria Trujillo, quien en su hoja de vida contaba con la de ser economista de la Universidad de Los Andes, y ante la avalancha que se estaba dando en el mundo relacionada con la Integración Económica y la globalización, este se propuso, por un lado, llamar a elecciones para conformar una Asamblea Constituyente que redactara una nueva Constitución Política, y así sustituir la que se tenía hasta ese momento, la de Rafael Núñez de 1886, cuando el país y las condiciones del mundo eran totalmente diferentes. Y por otro lado, iniciar lo que en su momento se denominó como apertura económica, una serie de modificaciones profundas en la estructura industrial de Colombia y en todos los sectores, que empezaría por transformar todo el aparato productivo y de servicios, partiendo de la forma de hacer negocios.

La apertura económica, que para varios sectores fue brusca pues no tuvieron tiempo de adaptarse a las nuevas condiciones, le permitió al país hacer reflexiones profundas sobre sí, y encontrar que los niveles de ineficiencia eran altos en la mayoría de sectores, industrias y empresas, y que quien no se ajustara a las nuevas condiciones tendría que abandonar sus negocios. Esto, porque se preveía que la competencia se lo iba a tragar, lo cual efectivamente sucedió. Sin embargo, después de 20 años, Colombia ya cuenta con unos sectores más adaptados a las nuevas condiciones mundiales, y si bien no se han logrado los niveles de competitividad que se desean y necesitan —tal y como lo indica el *Informe Nacional de Competitividad: Ruta a la prosperidad colectiva,*[43] en el cual se resaltan los aspectos negativos y positivos con que cuenta el país para hacer frente no solo a la apertura económica sino a la globalización—, existe una ruta marcada por donde todos deben transitar, en aras de lograr mayores niveles de eficiencia y competitividad que permitan, entre otras cosas, situar al país en la categoría de ingresos medios en el año 2032.

El Plan Estratégico exportador de Colombia tiene cinco objetivos fundamentales, a saber: a) aumentar y diversificar la oferta exportable en función de la demanda mundial; b) incentivar la inversión extranjera para fomentar directa o indirectamente las exportaciones; c) hacer competitiva la actividad exportadora; d) regionalizar la oferta exportable, y e) desarrollar una verdadera cultura exportadora.

---

[43] Consejo Nacional de Competitividad. *Informe Nacional de Competitividad, Ruta a la Prosperidad Colectiva*. Bogotá, noviembre de 2008.

En este orden de ideas, la política nacional está encaminada a buscar acuerdos con países y bloques que permitan, en el corto y mediano plazo, multiplicar las exportaciones colombianas, y de esa forma generar empleo, divisas y atraer inversión extranjera para nuevos proyectos y reconversión en los diferentes sectores de la economía. Por lo anterior, se considera importante dar un vistazo a la evolución de las exportaciones colombianas hacia los diferentes países y bloques, así como a los principales tratados y acuerdos comerciales de comercio, dejando el TLC con los Estados Unidos para un capítulo especial.

Gráfica 3.7.1. Visión del plan estratégico exportador de Colombia

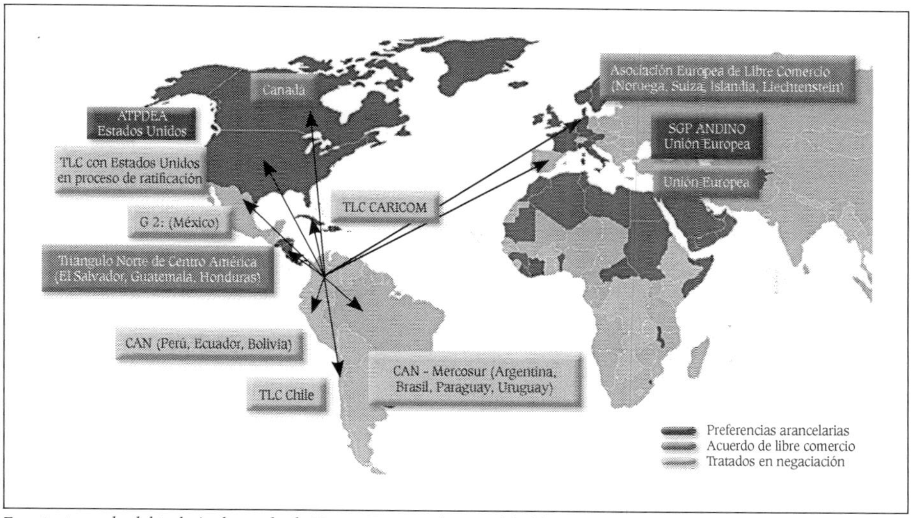

Fuente: tomado del trabajo de grado de Hoyos Forero, Elsa Patricia.[44]

8. Historia exportadora de Colombia

En el cuadro 3.8.1, elaborado por el DANE, se encuentra una serie con las exportaciones colombianas por bloques y algunos países para el periodo de 1994 a noviembre de 2008, y en el cuadro 3.8.2 se presentan los mismos datos, pero en forma porcentual, para los años 1994, 2000, 2005, 2007 y 2008, con el propósito de observar el peso relativo de las exportaciones colombianas en los lugares de destino de las mismas.

---

[44] Hoyos Forero, Elsa Patricia, *Análisis de las Exportaciones Colombianas, Periodo 1960-2007*. Monografía para optar por título de Administradora de Negocios Internacionales, Facultad de Administración, Universidad del Rosario, Bogotá, febrero 2009, p. 38.

Cuadro 3.8.1. Colombia, destino de las exportaciones, 1994-2008*
(millones de dólares FOB)

Destino	1994	1995	1996	1997	1998	1999	2000	2001	2002	2003	2004	2005	2006	2007	2008*
Total exportaciones/1	8,538	10,201	10,648	11,549	10,866	11,617	13,158	12,330	11,975	13,129	16,788	21,190	24,391	29,991	26,141
Grupos comerciales de destino															
Aladi	1,492	2,393	2,299	2,659	2,633	2,233	2,958	3,420	2,962	2,576	4,218	5,286	5,828	8,838	6,912
Comunidad Andina de Naciones	1,134	1,987	1,847	2,120	2,144	1,651	2,185	2,771	2,344	1,908	3,250	4,182	1,988	2,148	1,633
Mercosur	132	177	180	231	201	228	352	219	131	118	187	197	250	558	580
G-3	654	1,057	869	1,104	1,274	1,125	1,538	2,004	1,439	1,056	2,153	2,709	3,283	5,706	4,065
Unión Europea	2,559	2,552	2,470	2,670	2,527	1,994	1,820	1,755	1,648	1,914	2,355	2,819	3,335	4,362	3,464
Principales países de destino															
Estados Unidos	2,991	3,527	4,141	4,262	4,049	5,616	6,524	5,255	5,164	5,779	6,611	8,480	9,650	10,373	10,075
Venezuela	545	967	779	990	1,146	923	1,308	1,742	1,127	696	1,627	2,098	2,702	5,210	3,640
Alemania	872	734	604	730	684	486	434	428	332	265	265	339	360	553	483
Ecuador	325	428	425	541	582	330	467	710	825	780	1,015	1,324	1,237	1,276	973
Bélgica	321	294	294	340	318	284	224	210	241	228	290	368	369	389	333
Perú	241	567	613	543	370	358	373	277	353	396	548	710	692	806	592
Japón	364	353	349	362	269	245	230	165	194	202	263	330	324	395	268
México	108	90	89	114	129	202	230	262	311	360	526	611	582	495	425
Resto de países	2,770	3,242	3,354	3,666	3,320	3,174	3,368	3,281	3,428	4,422	5,642	6,930	8,475	10,493	9,354

Fuente: DIAN-DANE Cálculos: DANE
1/La suma de los parciales no es equivalente al total de las exportaciones
* Correspondiente al periodo enero - agosto de 2008
Nota: El total de la Unión Europea corresponde a la suma de las exportaciones destinadas a los 25 países integrantes actualmente. Se incorporan desde la información de 1994 con el fin de garantizar la comparabilidad de las series estadísticas.

Cuadro 3.8.2. Participación porcentual del destino de las exportaciones colombianas

País y/o bloque	1994	2000	2005	2007	2008
Total exportaciones/1	100	100	100	100	100
Grupos comerciales de destino					
ALADI	17,5	22,5	24,9	29,5	28,3
Comunidad Andina de Naciones	13,3	16,6	19,7	7,2	6,4
Mercosur	1,5	2,7	0,9	1,9	2,2
G-3	7,6	11,7	12,7	19	17,2
Unión Europea	30	13,8	13,3	14,5	12,5
Principales países de destino					
Estados Unidos	35	49,6	40	34,6	37,9
Venezuela	6,4	9,9	9,5	17,4	15,7
Alemania	10,2	3,3	6,3	1,8	1,6
Ecuador	3,8	3,5	6,3	4,3	3,9
Bélgica	3,7	1,7	1,7	1,3	1,2
Perú	2,8	2,8	3,3	2,7	2,3
Japón	4,3	1,7	1,5	1,3	1
México	1,3	1,7	2,9	1,6	1,6
Resto de países	32,4	25,6	32,7	35	35

Fuente: elaboración propia con base en datos del cuadro 3.8.1, tomados del DANE.

Gráfica 3.8.1. Exportaciones colombianas por países, porcentajes

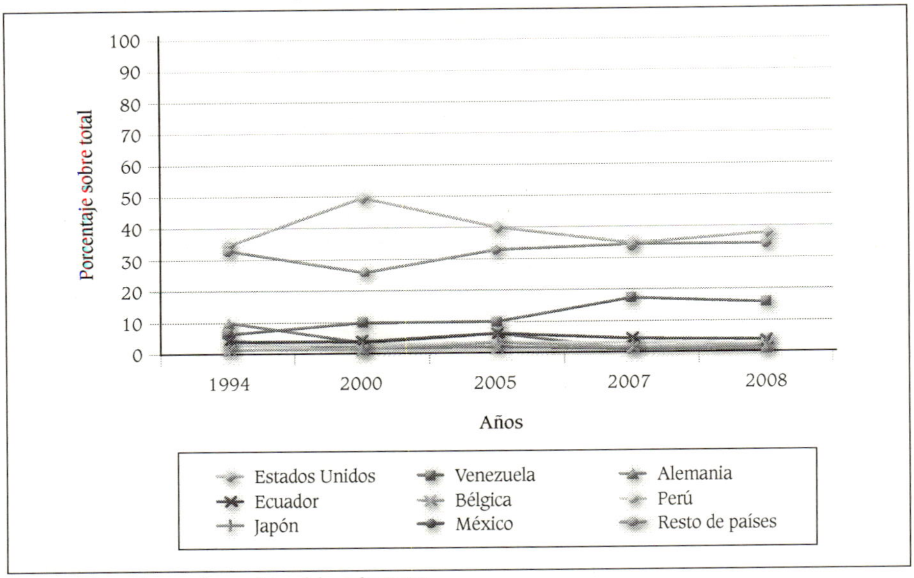

Fuente: elaboración propia con datos del cuadro 3.8.2.

Gráfica 3.8.2. Exportaciones colombianas a bloques

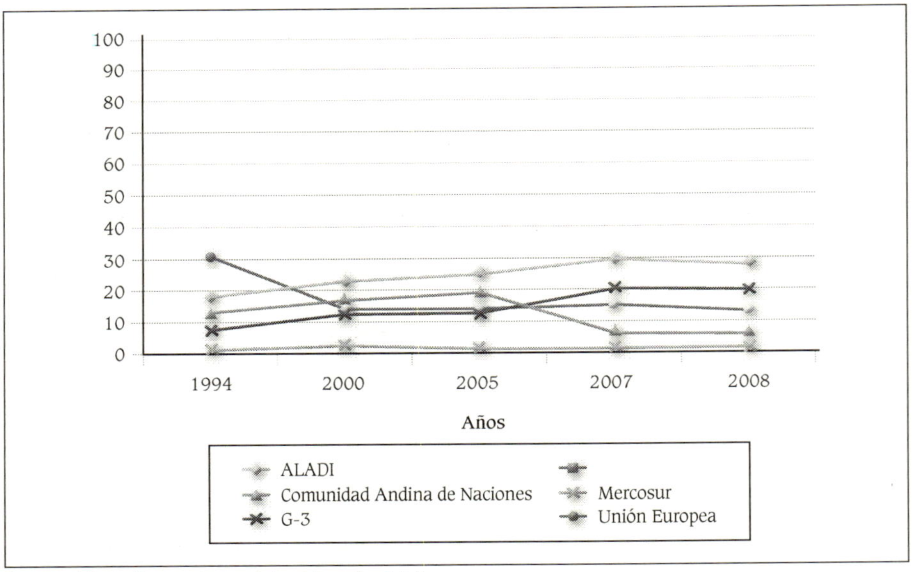

Fuente: elaboración propia con datos del cuadro 3.8.2

Al observar las cifras de los cuadros 3.8.1 y 3.8.2, así como la gráfica 3.8.1, se aprecia que los Estados Unidos, por lejos, ha sido el principal país receptor de las exportaciones Colombianas, con un promedio del 39,5% sobre el total de las exportaciones en los cinco años seleccionados (este dato es importante para el análisis que sobre el TLC con los Estados Unidos se hará en el capítulo VI). También se aprecia en los cuadros el incremento en valor y en porcentaje de las exportaciones colombianas a los países miembros de la ALADI, que son los otros 9 suramericanos más México y Cuba; claro está que aquí pesa mucho el caso de Venezuela pues, como país individual, es el de mayor peso relativo después de los Estados Unidos. En el caso del país vecino se aprecia un crecimiento continuo en las exportaciones colombianas, tanto en valor como en participación, con excepción del año 2003 y la caída en 2008 —como consecuencia del cierre de las fronteras a raíz del problema que se desató entre Ecuador, Venezuela y Colombia por la intervención militar a territorio ecuatoriano en la operación Fénix, que permitió dar de baja al miembro del secretariado de las FARC, Raúl Reyes, y que puso en vilo las relaciones internacionales de los tres países, a los que se sumó Bolivia y Nicaragua (es importante indicar que en el momento en que se empezó a escribir este libro, marzo de 2009, justamente un año después del operativo, el 3 de marzo de 2008, las relaciones diplomáticas con Ecuador seguían rotas, afectando el comercio regional, tal y como lo muestran las cifras)—.

De la observación a la Unión Europea a la luz del cuadro 3.8.2 y la gráfica 3.8.2, resulta preocupante ver que en 1994, cuando estaba conformada por 15 países, su participación en las compras a Colombia era del 30% y, paradójicamente, aunque el número de países se incrementó y en el año 2007 era un bloque de 25 y en 2008 de 27, su participación como comprador bajó al 14,5% en 2007, y al 12,5% en noviembre de 2008; descenso al que posiblemente contribuyó la caída de las exportaciones a Alemania que fueron del 10,2% en 1994, al 1,6% en el año 2008.

Al analizar todas estas cifras se puede deducir que el trabajo o los retos que tiene Colombia en su sector exportador, como un verdadero motor del crecimiento, es realmente inmenso por cuanto hay países que potencialmente deberían ser grandes compradores de productos colombianos como Alemania, Brasil y México. Sin embargo, las cifras no se compadecen con las expectativas y esto debe estudiarse con mayor profundidad en razón a una serie de riesgos reales con aquellas naciones que históricamente han sido las mayores compradoras o con las que el país se ha forjado grandes ilusiones. Puede ocurrir así en el caso de los Estados Unidos, si el TLC no se materializa en el gobierno de Barack Obama y se terminan las Preferencias Arancelarias Andinas dentro del marco de la APTDEA, o con Ecuador y los problemas de frontera y la inflexibilidad del Gobierno de dicho país de no aceptar las excusas que el gobierno de Colombia presentó ante la comunidad internacional —en la reunión de presidentes y jefes de Estado realizada en República Dominicana, en abril de 2008, donde se reunieron los países latinoamericanos para analizar la situación que se vivía entre Colombia, Ecuador y Venezuela—.

El caso de México parece ser similar al de la costa oeste de los Estados Unidos: poco, o por lo menos no lo suficiente se ha hecho para que el intercambio comercial con Colombia sea más fluido y amplio, en razón al tamaño de las poblaciones y los ingresos *per cápita*, tanto del país azteca como del Estado de California.

En cuanto a las cifras del Grupo de los Tres (Colombia, México y Venezuela), estas deben ser vistas con recelo pues el tema de México no es significativo y Venezuela ya se retiró del grupo, es más, se habla de un G-3 con dos países: Colombia y México.

Se puede mostrar y cuantificar la alta correlación que existe entre las relaciones políticas dentro de los países y su operación comercial o, mejor dicho, el flujo de comercio entre ellos. Y esto podría ser objeto de una investigación a nivel de pregrado.

El cuadro 3.8.3 tiene información que se considera pertinente sobre la balanza comercial del país para el periodo entre 1995 y 2008, en él se puede apreciar que durante todo el periodo del presidente Ernesto Samper Pizano esta balanza fue negativa. Ello parecería raro si se tiene en cuenta que Samper fue el ministro de Comercio Exterior en el Gobierno inmediatamente anterior al suyo, el de César Gaviria Trujillo; ya en el periodo de Andrés Pastrana Arango el país registró superávit en su balanza comercial, y así se mantuvo durante la primera administración de Álvaro Uribe Vélez, hasta que en el año 2006 y en el año 2007 se registraron cifras negativas.

Con relación a los grupos comerciales, la balanza ha sido negativa en la mayoría de los años con la ALADI, conformada por todos los países suramericanos más México y Cuba; ocurre lo mismo con el Mercosur y en cuanto al G-3 y a la Unión Europea, la situación ha estado llena de altibajos.

Cuadro 3.8.3. Balanza comercial de Colombia según grupos económicos y principales países, 1995-2008 (millones de dólares-FOB)

Origen	1995	1996	1997	1998	1999	2000	2001	2002	2003	2004	2005	2006	2007	2008
Total Balanza comercial/1	-2751,3	-2.143,3	-2.902.4	1.626,0	2.160,5	333,3	78,2	102,8	1.139,7	1.391,5	-143,0	-824,3	376,8	
Grupos Comerciales														
Aladi	-698,6	-726,4	-908,1	-623,0	283,0	59,0	527,5	-170,8	-880,8	+183,5	-573,8	-1.890,5	-403,1	1.012,9
Comunidad Andina	215,2	96,0	11,3	341,4	294,6	657,6	1,453,3	977,9	460,8	1.124,9	2.009,0	705.2	719,8	650.8
Mercosur	-489,9	-495,9	-449,3	-462,6	-292,5	-268,7	-561,2	-738,4	-904,1	-1.069,1	-1.468,8	-2.070,3	-2.373,6	-2.013,3
G-3	-746,4	-864,8	-956,8	-557,2	-132,4	120,6	700,8	55,2	-343,6	126,4	-137,9	-352,3	1.454,1	2.138,0
Unión Europea	81,4	-126,0	-45,2	-326,0	123,9	-12,4	-323,2	-101,3	-283,5	122,6	71,6	45,0	541.9	-278,9
Principales Países														
Estados Unidos	-816,2	-360,3	-804,8	-344,2	1.895,0	2.879,0	1.336.7	1.384.2	1.782,3	1.816.1	2.815,8	3.115.6	2.327,8	3.227.4
Venezuela	-366,8	-478,3	-522,6	-99,7	102,3	407,0	994,8	386,6	7,7	596,2	934,5	1.263,4	3.906,0	4.343,9
Perú	449,0	495,5	392,1	228,0	254,8	235,0	127,2	200,9	211,5	301,3	378,2	194,2	220,1	136,6
Chile	-44,2	-10,1	-35,9	-44,4	-50,4	-43,5	-70,6	-78,8	-86,2	-69,5	-41,6	-217,9	-245,6	198,8
Ecuador	163,8	114,4	171,4	284,7	88,1	164,3	407,3	475,9	385,2	619,4	812,9	559,7	563,6	622,1
Japón	-802,0	-549,9	522,7	-658,8	-252,8	-281,3	-344,4	-384,8	-404.3	-342.8	324,6	-550,0	740,5	655,3
Alemania	17,3	-135,1	-6,7	-60,3	-13,4	-28,9	-88,7	-153,3	-326,2	-375,2	-394,4	75,0	-594,0	-789,4
México	-379,7	-386,4	434,2	-557,5	-234,7	-286,4	-294,0	-331,5	-351.4	-469,8	-1.072.4	-1.615,7	-2.451,8	-2.205,9
Canadá	-337,9	-348,1	-272,1	-333,9	-113,2	-112,1	-159,7	-82,5	-154,6	-282,5	-46,7	-174,4	-317,8	-1.572,4
China	-58,7	-107,0	-150,5	-193,2	-187,4	-289,9	-407,2	453,4	-546,1	-820,0	-1.26,2	-1.558,5	-2.236.6	3.418,2
Resto de países	-262,6	-97.3	-302.4	-283,5	341,7	-292,4	497,4	397.6	207,8	816,4	686,9	337,8	523,4	703,6

Fuente: DIAN, página web de la Dian, Comercio Exterior, Series históricas, balanza comercial: "según grupos económicos y principales países".

1/La suma de los parciales no es equivalente al total de la balanza comercial.

* Correspondiente al periodo entre enero y noviembre de 2008.

Cuadro 3.8.3.A. Balanza comercial de Colombia con bloques y países
(millones de dólares corrientes)

	1995	2000	2005	2008	2009
Total	-2.751	2.160	1.392	470	1.665
Aladi	-699	59	-574	1.350	420
Comunidad Andina	215	658	2.009	729	638
UE	49	17	69	-240	-210
Estados Unidos	-816	2.879	2.816	3.312	3.857
Venezuela	-367	407	934	4.951	3.522
Perú	449	235	378	155	192
Ecuador	164	164	813	713	583
Japón	-802	-281	-325	-700	-444
Alemania	17	-29	-394	-852	-920
México	-380	-286	-1.072	-2.369	-1.663
Canadá	-338	-112	-47	-398	-240
Brasil	-313	-190	-1.131	-1.537	1.453
China	-59	-290	-1.226	-3.725	-2.529
Resto de países	-263	-292	387	732	684

Fuente: elaboración propia con datos del DANE y del Ministerio de Comercio, Industria y Turismo.

En el análisis por países y mirando los que tradicionalmente han sido más importantes para Colombia, en cuanto a relaciones comerciales se refiere, se tiene que con los Estados Unidos se ha registrado una situación de superávit a partir de 1999. Es importante mirar este hecho a la luz del TLC, toda vez que el país ha logrado aprovechar el APTDA y luego el APTDEA como un instrumento para explorar mercados y nuevos productos en el país del norte, logrando llegar en el año 2008 a tener un superávit de US $3.200 millones.

Aunque se han registrado problemas políticos entre los gobiernos de Venezuela y Colombia, sobre todo en 2008, la situación desde 1999 ha sido favorable para nuestro país, el superávit llegó a US $4.300 millones en 2008 (US $1.100 millones más que el registrado con los Estados Unidos). Con Ecuador también se registra superávit en toda la serie.

Las cifras del cuadro 3.8.3 indican que deben revisarse con detenimiento las relaciones comerciales con Alemania, Brasil, Canadá, Japón, México y China; en ellas se registra déficit en la mayoría de los años de la serie, e incluso en algunos de esos casos en toda la serie.

Ahora bien, si el análisis se centra en los países, se tiene que se acaba de suscribir un Tratado de Libre Comercio con Canadá, y aunque no tan publicitado como el TLC con los Estados Unidos, se esperaría que Colombia lo aprovechara para reactivar el comercio de aquí para allá. Con Brasil preocupa que el déficit haya llegado a la cifra de US $1.400 millones, porque es un mercado potencial importante para Colombia pues pasa de los 180 millones de habitantes. En el caso de México la pregunta que cabría hacer es dónde están los beneficios del G-3 para Colombia (hoy G-2). Y con China, con quien se ha llegado a un déficit de US $3.400 millones, sería importante analizar qué tipo de producto es el que se trae por cuanto bajo observación netamente empírica, esto es, no científica, lo que se puede detectar es que se trata de productos textiles, juguetería y productos de marroquinería de poca calidad como zapatos, que se encuentran en el comercio a precios irrisorios y que están perjudicando la industria nacional, y sobre todo lo relacionado con las Pymes y micro Pymes.

En los numerales siguientes se hará una descripción de los principales acuerdos y tratados de comercio en los que está involucrada Colombia, y que a juicio del autor son los más relevantes.

9. Asociación Latinoamericana de Integración (ALADI)[45]

Con respecto a la ALADI, y dado que se trata de presentar en qué consiste y qué países la conforman sin mayores comentarios por parte del autor, los párrafos siguientes fueron tomados de la página informativa del Ministerio de Comercio, Industria y Turismo de Colombia,[46] y por tanto la autoría es total de dicho Ministerio:

> La Asociación Latinoamericana de Integración –ALADI– se creó mediante el Tratado de Montevideo de 1980, que reemplazó al de 1960,

[45] Ministerio de Comercio Industria y Turismo. www.mincomercio.gov.co.

[46] Si el lector quiere profundizar un poco más sobre la ALADI puede consultar la página www.mincomercio.gov.co.

que había dado origen a la antigua Asociación Latinoamericana de Libre Comercio (ALALC). El Tratado se aprobó el 12 de agosto de 1980. El Congreso de Colombia aprobó el Tratado mediante la Ley 45 de 1981, y el país lo ratificó ante el Gobierno de la República Oriental del Uruguay el 20 de julio y entró en vigor el 20 de agosto de 1981.

La ALADI está conformada por Argentina, Bolivia, Brasil, Chile, Colombia, Ecuador, Paraguay, Perú, México, Uruguay y Venezuela. En la X reunión del Consejo de Ministros, que se celebró en Montevideo entre el 5 y el 6 de noviembre de 1998, se previó una resolución para admitir a Cuba, con lo cual se elevarían a doce los miembros del Tratado de Montevideo 1980. Los principios de la integración latinoamericana en la ALADI son los del pluralismo, la convergencia, la flexibilidad y el tratamiento diferenciado según el nivel de desarrollo relativo.

Los instrumentos de la integración en la ALADI son los Acuerdos de Alcance Parcial, los Acuerdos de Complementación Económica y los Acuerdos Regionales. Entre los Acuerdos Regionales se cuenta la Preferencia Arancelaria Regional (PAR). Los Acuerdos de Complementación Económica son una modalidad más avanzada de los Acuerdos de Alcance Parcial tradicionales, que son de naturaleza comercial (Artículo 8 del Tratado).

Prevista en el Artículo 5 del Tratado de Montevideo 1980, la Preferencia Arancelaria Regional (PAR) consiste en una reducción porcentual de los gravámenes aplicables a las importaciones desde terceros países, que los países miembros se otorgan recíprocamente sobre las importaciones de productos originarios de sus respectivos territorios.

La PAR actualmente tiene un nivel de 20%, se aplica en magnitudes diferentes según las tres categorías de países establecidas por la Resolución 6 del Consejo de Ministros, que son: países de menor desarrollo económico relativo; países de desarrollo intermedio y demás países. La PAR abarca el universo arancelario salvo una nómina de productos que cada país exceptúa del beneficio de dicha preferencia, cuya extensión también está relacionada con las tres categorías de países.

Los doce países miembros de la ALADI (los 10 suramericanos, México y Cuba, aceptada en 1998) cuentan con una extensión de más de 20 millones de kilómetros cuadrados y una población que supera los 500 millones de habitantes, esto es, mayor a la población de la Unión Europea de 27 países.

Según la Secretaría General de la Aladi,[47] en dólares constantes del año 2000, el PIB regional alcanzaba los US $2.4 billones en 2007, y un PIB *per cápita* de US $4.875; por el contrario, en dólares corrientes el PIB regional era de US $3.4 billones y el PIB *per cápita* de US $6.618.

Otros datos importantes, tomados también de los Indicadores Socio Económicos de la Secretaría General de la ALADI son: al 31 de diciembre de 2007 la deuda externa de la región era de US $592.047 millones; la inversión externa directa de US $70. 534 millones (el 12% de la deuda); las exportaciones totales de US $705.184 millones y las importaciones de US $620.538 millones.

10. Acuerdo de Libre Comercio de las Américas (ALCA)

En diciembre de 1994, 34 presidentes y jefes de Estado de América y el Caribe, con excepción de Cuba, decidieron conformar un área de libre comercio que abarcara desde Canadá hasta Tierra de Fuego, acuerdo que debería entrar en funcionamiento en enero de 2005, si no hubiera sido por problemas de índole político que impidieron la operatividad de esta idea (como en el caso de Brasil, Venezuela, Nicaragua y otros).

El ALCA, tal y como está previsto, conforma un área que sumadas sus poblaciones, representa un mercado potencial de más de 880 millones de habitantes (el 14% de la población mundial), de múltiples etnias, razas, costumbres y religiones, y con un PIB regional de US $20 billones, lo cual necesariamente cambiaría el contexto del marco de intercambio comercial, el flujo de productos y servicios, la investigación, la movilización de factores de producción y, por qué no, la unificación de las monedas como ocurrió con la Unión Europea.

En el ALCA están representadas las economías más grandes de América y el Caribe, como lo son las de Estados Unidos, Canadá, México, Argentina, Brasil y Chile, y también las más pequeñas como las de los países del Caribe, algunos centroamericanos como El Salvador y Nicaragua y otros suramericanos como Bolivia, Paraguay y Uruguay. Estas diferencias, en cuanto a tamaño de las poblaciones y grado de desarrollo de las economías, constituyen parte significativa

---

[47] ALADI. Secretaría General. *Indicadores Socio Económicos, 1990-2007.*

en las bases de los críticos del Acuerdo. Para ellos es inconcebible poner en el mismo plano a Belice, por ejemplo, con Brasil, por cuanto estiman que una negociación estándar acabaría con el primero. Sin embargo, es importante resaltar que un acuerdo de aquella naturaleza requiere la búsqueda de consensos sobre los diferentes temas, sectores y subsectores, y es allí donde los bloques de pequeños países deben unir esfuerzos para aprovechar las oportunidades que se les presentan y reducir al máximo las amenazas que son reales si no se actúa con inteligencia y unidad.

El objetivo final del acuerdo es incrementar los niveles de comercio e inversión entre los países que harán parte del mismo, y de otros bloques regionales que se verán atraídos hacia los países del ALCA por las oportunidades que generará en la región, como mejores condiciones de producción y mayor seguridad jurídica y estabilidad económica, es decir, un mercado abierto donde se ofrece la posibilidad de exportar más productos y servicios de mayor valor agregado.

Es factible que al final de las negociaciones del ALCA (si ellas se reanudaran) quede definido un Arancel Externo Común Hemisférico (AECH), que abarcará todas las disciplinas negociadas por la Organización Mundial de Comercio (OMC). Eventualmente se disminuiría para Colombia la protección de la CAN, se preservarían distinciones de la Ley de Preferencias Arancelarias Andinas y Erradicación de Droga (ATPDEA) y los compromisos en tarifas y subsidios ya suscritos por Colombia en el hemisferio y ante la OMC, con una previsible liberalización de materias primas, bienes de capital y fortalecimiento de los derechos de propiedad intelectual.

Para Colombia este es un mercado objetivo importante, y lo más sobresaliente es que se encuentra concentrado en una sola región, un factor clave para el pleno aprovechamiento de las economías de escala y, específicamente, para conquistar nichos de mercado. Por lo tanto, todo producto o servicio ofrecido en condiciones competitivas en este acuerdo se puede construir como una gran oportunidad para los consumidores y productores de los diferentes sectores de la economía nacional.

Sin embargo, el país enfrenta una situación compleja en la fase de negociación por el estado de desprotección en que quedó sumida la industria y los sectores vitales, como el agropecuario, desde la apertura económica; por tanto, se deben asumir numerosos riesgos si se realizan las negociaciones comerciales con el mismo manejo que se le dio a la globalización y a la apertura total de algunas actividades de la economía nacional. Hay que tener en cuenta que los países desarrollados presionan a los que se encuentran en vías de desarrollo para que eliminen las barreras arancelarias al comercio, mientras ellos mantienen las ayudas internas a sus productores, especialmente los agrícolas, y las barreras no arancelarias a la entrada de productos a su mercado local, que hacen injusta e inviable la competencia con países que no tienen cómo subsidiar a sus productores nacionales, como es el caso de Colombia y la mayoría de los países que forman parte de este acuerdo.

11. Grupo de los tres (Colombia, México y Venezuela)

Este tratado se firmó el 13 de junio de 1994, y entró en vigor el primero de enero de 1995, el mismo día que inició operaciones el TLCAN o Tratado de Libre Comercio entre Canadá, Estados Unidos y México. Según el Ministerio de Industria, Comercio y Turismo de Colombia, el tratado busca un acceso amplio y seguro a los respectivos mercados por medio de la eliminación gradual de aranceles y reconociendo los sectores sensibles de cada país. Así mismo, establece disciplinas para asegurar que la aplicación de las medidas internas de protección a la salud y la vida humana, animal y vegetal, del ambiente y del consumidor, no se conviertan en obstáculos innecesarios al comercio; fija disciplinas para evitar las prácticas desleales de comercio y contiene un mecanismo ágil para la solución de las controversias que puedan suscitarse en la relación comercial entre los países.[48]

El G-3 incluye los siguientes temas: a) programa de desgravación; b) sector automotor; c) acceso a mercados; d) sector agropecuario y medidas fitosanitarias y zoosanitarias; e) reglas de origen; f) salvaguardias; g) prácticas desleales de comercio internacional; h) comercio de servicios; i) servicios financieros; j) entradas temporales de personas de negocios; k) normas técnicas; l) inversión, y m) propiedad intelectual.

Como se puede apreciar, este tratado comprende una serie de temas que lo hacen muy completo; sin embargo, y por cuestiones netamente políticas, Venezuela demandó el tratado el 22 de mayo de 2006, y a partir del 22 de noviembre del mismo año dejó de ser miembro. Esto no afectó las relaciones políticas ni

[48] Ministerio de Comercio, Industria y Turismo. Artículo en su página: www.mincomercio.gov.co.

comerciales de Colombia con su otro socio, México, es por ello que en los círculos comerciales se habla ahora de un G-2.

12. Comunidad Andina de Naciones (CAN)

12.1. Origen

La Comunidad Andina de Naciones nace de manera oficial con el Acuerdo de Cartagena en 1969. En él se estableció la creación de un grupo de carácter subregional que tenía por objeto el desarrollo y bienestar de los países miembros por medio de un proceso de integración. Este acuerdo fue firmado por Colombia, Ecuador, Perú, Bolivia y Chile, y posteriormente se dio paso a la adhesión de Venezuela y al retiro de Chile, en razón a las discrepancias entre las políticas de la CAN y las del mandatario chileno de ese entonces.

A lo largo del tiempo han sido innumerables las variaciones que ha sufrido el acuerdo desde su planteamiento inicial; desde adhesiones y retiros de países hasta la profundización en los sistemas de integración. De la misma manera, las políticas de la CAN se han ajustado a los sistemas de desarrollo vigentes, desde los modelos de sustitución de importaciones en la década de los años ochenta, hasta los modelos de apertura vigentes en los años noventa que dieron paso a la creación de una zona de libre comercio entre los cuatro países.

Adicionalmente, en los últimos años la CAN ha buscado transformarse y atender temas sociales que den paso a una nueva etapa, en la cual se busca una distribución más adecuada de los recursos e ingresos hacia los sectores menos favorecidos. De la misma manera, la agenda de la CAN se ha tornado hacia temas políticos y ambientales, que hacen de este proceso de integración un escenario importante para el desarrollo integral de los países miembros.

La CAN ha contado con fortalezas que le han permitido sostenerse a lo largo del tiempo, así como responder a los cambios del sistema internacional. Los países miembros de la CAN cuentan con una historia y un pasado común que los une, hablan el mismo idioma y comparten situaciones similares que los articulan en busca de lograr un crecimiento y bienestar sostenible para la población de los mismos.

12.2. Definición

Somos una comunidad de cuatro países que decidimos unirnos voluntariamente con el objetivo de alcanzar un desarrollo más acelerado, más equilibrado y autónomo, mediante la integración andina, suramericana y latinoamericana.

Nos hemos propuesto avanzar en la profundización de una integración integral que contribuya de manera efectiva al desarrollo humano sustentable y equitativo para vivir bien, con respeto por la diversidad y las asimetrías que aglutinen las diferentes visiones, modelos y enfoques, y que sea convergente hacia la formación de la Unión de Naciones Suramericanas (Unasur).[49]

12.3. Objetivos[50]

> Promover el desarrollo equilibrado y armónico de los países miembros en condiciones de equidad, mediante la integración y la cooperación económica y social.
>
> Acelerar su crecimiento y la generación de ocupación.
>
> Facilitar su participación en el proceso de integración regional con miras a la formación gradual de un mercado común latinoamericano.
>
> Tratar de disminuir la vulnerabilidad externa y mejorar la posición de los países miembros en el contexto económico internacional.
>
> Fortalecer la solidaridad subregional y reducir las diferencias de desarrollo existentes entre los países miembros.

Por un lado, el tamaño y la cercanía geográfica hacen de la Comunidad Andina de Naciones un bloque económico importante para Colombia, en la medida en que a pesar de poseer aparatos productivos similares, en muchos casos el sector industrial colombiano se encuentra un poco más desarrollado, lo que le permite atender de primera mano ciertas necesidades.

> Por otro, el comercio entre Colombia y la CAN resulta especialmente beneficioso para el primero, porque tal y como se puede evidenciar en la

[49] Página oficial de la comunidad andina de naciones, www.comunidadandinadenaciones.org.

[50] *Ibid.*

siguiente gráfica, en todos los casos, excepto en Bolivia, la balanza comercial se torna superavitaria para Colombia.

Gráfica 3.12.1. Balanza comercial colombiana países de la CAN

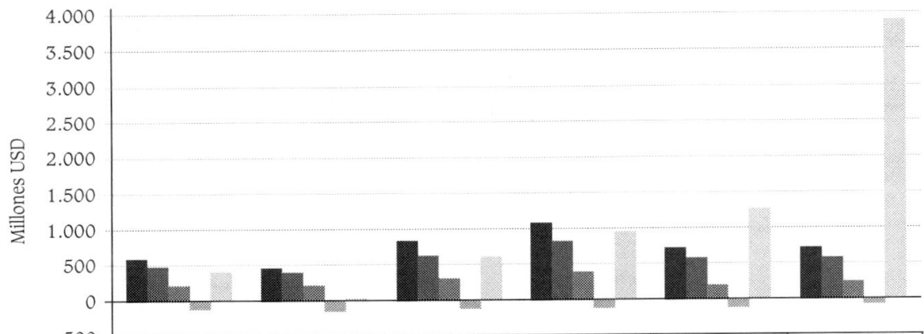

	2002	2003	2004	2005	2006	2007
CAN*	587	453	829	1.074	705	720
Ecuador	474	386	620	813	560	564
Perú	201	211	301	378	194	220
Bolivia	-88	-144	-92	-117	-49	-64
Venezuela	384	8	596	935	1.263	3.906

Fuente: base de datos DANE-CAN, cálculos Ministerio de Comercio, Industria y Turismo, DIAN.

*Las cifras de la CAN, no incluyen a Venezuela.

Cuadro 3.12.1. Exportaciones colombianas hacia la CAN (Millones de dólares FOB)

	2005	2006	2007*
TOTAL	3081	3290	4807
PRODUCTOS PRIMARIOS	656	432	598
Tradicionales	301	71	77
Café	0	0	0
Petróleo	88	0	0
Derivados del petróleo (incluido *Fuel Oil*)	127	12	11
Carbón	86	60	65
Ferroníquel	0	0	0
Banano	0	0	0
Flores	0	0	0
Esmeraldas	0	0	0

Continúa

	2005	2006	2007*
Agropecuarios	245	261	464
Camarones	0	0	0
Demás agropecuarios	203	218	436
Franjas	41	43	28
Mineros	110	99	57
INDUSTRIALES	2425	2858	4209
Agroindustriales	259	298	370
Azúcar	48	47	60
Productos del café	12	18	20
Demás agroindustriales	175	210	261
Franjas	24	24	28
Industria liviana	751	923	1613
Confecciones	140	190	479
Textiles	146	143	217
Editoriales	44	53	79
Calzado	20	27	73
Manufacturas de cuero	5	6	17
Productos de plástico	109	128	175
Jabones, cosméticos y otros	138	175	240
Demás industria liviana	148	201	332
Industria básica	714	824	1029
Metalúrgica	145	154	194
Química básica	420	492	584
Papel	149	178	250
Maquinaria y equipo	217	292	447
Industria automotriz	484	521	750

Fuente: Oficina de Estudios Económicos del Ministerio de Comercio, Industria y Turismo. Con base en datos de la DIAN y el trabajo de Grado de Patricia Hoyos.

*Periodo enero-septiembre.

Se puede decir que la mayor potencialidad de la CAN se encuentra en los bienes relacionados con el sector industrial, puesto que, como es de saberse, los productos agrarios generados por los países andinos son casi los mismos: café, azúcar, banano, flores, entre otros. Colombia puede aprovechar las ventajas de tipo arancelario para promover las exportaciones del sector intermedio.

13. Mercosur

13.1. Antecedentes

Su más remoto antecedente data de 1985, fecha en la cual Brasil y Argentina celebraron la declaración de Foz de Iguazú, ciudad brasileña. En ella se comprometían a un proceso de integración bilateral que permitía estrechar los lazos y generar crecimiento para los dos países. Posteriormente, para 1986, en el acta de Integración Argentina-Brasil se establecieron acciones concretas para llevar a cabo esta unión, aprovechando las simetrías y la cercanía geográfica.

Luego, en 1988, Uruguay se unió a este proceso de integración, y, posteriormente, con el Acta de Buenos Aires, se dio inicio a toda una serie de calendarios y objetivos que serían el marco central del Tratado de Asunción, celebrado en 1991, y que integró finalmente a Paraguay y estableció la creación oficial del mercado común suramericano, Mercosur.

En 1994 se firmó el Tratado de Ouro Preto, cuya forma estaba dada por medio de una estructura y una personalidad jurídica internacional. Su objetivo fue "[...] el establecimiento de un arancel externo común y la adopción de una política comercial común, la coordinación de políticas macroeconómicas y sectoriales y la armonización de legislaciones en las áreas pertinentes, para lograr el fortalecimiento del proceso de integración".[51] Dentro de este proceso se buscó llegar al establecimiento de un mercado común sudamericano que permitiera un crecimiento sostenido para las economías de los países miembros, así como un mayor bienestar para sus poblaciones.

La especialización y el desarrollo de economías de escala conducen a un aumento en la productividad que (*ceteris paribus conditions*) permite al bloque un mayor poder de negociación, así como el crecimiento de sus economías —hecho que se traduce en bienestar para la población—.

---

[51] www.mercosur.int

Posteriormente, en 1996, Chile y Bolivia se adhirieron como Estados Adjuntos; ello implicó un gran impulso para el Mercosur, toda vez que se ha demostrado que los alcances de este proceso de integración han superado el plano político y comercial, e incluso han llegado a influir temas sociales o de seguridad, tal como la soberanía de Argentina sobre las Malvinas.

Colombia, Ecuador, Perú y Venezuela son también estados asociados al Mercosur. Con este último, sin embargo, adherido en el año 2006, no se tiene plena claridad sobre su estatus, puesto que no es un simple asociado ni un Estado con derecho pleno, por ahora se denomina como Estado Asociado, en espera de ascender a miembro al igual que Bolivia.

Lo que busca el Mercosur es la creación de un mercado libre, sin ningún tipo de restricciones, "[...] mediante el más eficaz aprovechamiento de los recursos disponibles, la preservación del medio ambiente, el mejoramiento de las interconexiones físicas, la coordinación de las políticas macroeconómicas y la complementación de los diferentes sectores de la economía".[52]

En el año 2000 se desarrolló un relanzamiento del Mercosur con el fin de continuar fortaleciendo y profundizando el proceso de integración. En este se destacaron los aspectos positivos y logros obtenidos hasta el momento, así como la importancia de continuar con el proceso, con miras a aumentar la competitividad con respecto a un panorama internacional enmarcado en la creación de bloques y acuerdos comerciales.

En este relanzamiento se establecieron una serie de aspectos fundamentales a tratar, con el fin de profundizar en el proceso de integración:[53]

- Acceso al mercado.
- Agilización de los trámites en frontera (plena vigencia del Programa de Asunción).
- Incentivos a las inversiones, a la producción, a la exportación, incluyendo zonas francas, admisión temporaria y otros regímenes especiales.
- Arancel Externo Común.
- Defensa Comercial y de la Competencia.
- Solución de controversias.

---

[52] www.americaeconomica.com.

[53] www.mercosur.int

- Incorporación de la normativa Mercosur.
- Fortalecimiento institucional del Mercosur.
- Relaciones externas.

13.2. Símbolos del Mercosur[54]

El logotipo oficial del Mercosur contiene las cuatro estrellas de la constelación Cruz del Sur, sobre una línea curva y de color verde que simboliza el horizonte, y que se encuentra sobre la palabra Mercosur/Mercosul. Este fue aprobado en la XI Reunión del Consejo del Mercado Común, celebrada los días 16 y 17 de diciembre de 1996, en la ciudad de Fortaleza, Brasil.

13.3. Comercio Colombia Mercosur

Es necesario tener en cuenta que hasta el momento este mercado no ha sido explorado de manera juiciosa por Colombia, esta situación se ve reflejada en las cifras, toda vez que teniendo en cuenta la cercanía geográfica, el tamaño del mercado y su potencial, los niveles de exportación que actualmente presenta el país con el Mercosur son relativamente bajos.

Adicionalmente, en los últimos años se ha visto una marcada tendencia deficitaria en la balanza comercial de Colombia con el Mercosur, esta situación se genera principalmente en la creciente tendencia exportadora que se está originando en Brasil (ver gráfica 3.13.1).

[54] *Ibid.*

Gráfica 3.13.1. Balanza comercial de Colombia con Mercosur

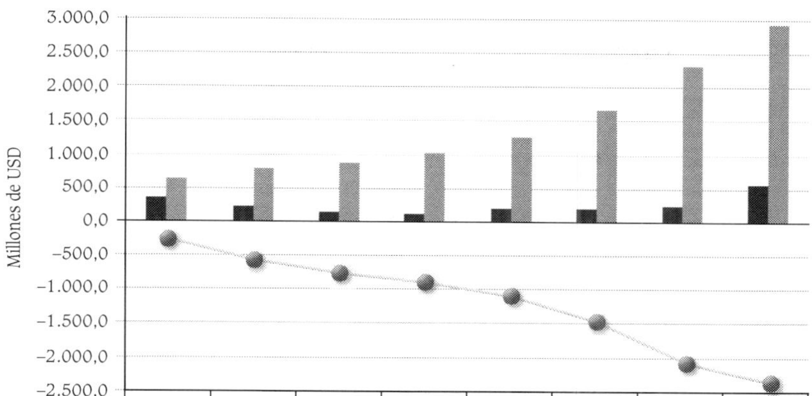

	2000	2001	2002	2003	2004	2005	2006	2007
Exportaciones	351,7	219,4	130,6	118,3	187,3	197,4	249,9	559,1
Importaciones	620,5	782,3	871,2	1.020,8	1.250,7	1.666,2	2.320,1	2.931,7
Balanza comercial	-268.7	-562.9	-740.6	-902.5	-1.063,4	-1.468,8	-2.070,3	-2.373,6

Fuente: Ministerio de Comercio, Industria y Turismo, "Relaciones Comerciales Colombia-Mercosur".

Del comercio que efectúa Colombia con el Mercosur, Brasil abarca un gran porcentaje puesto que le exporta el 89% del total de productos dirigidos hacia ese mercado; lo mismo ocurre con el 77% de las importaciones provenientes del Mercosur que se originan en ese país. Esto demuestra los bajos niveles de comercio entre Colombia y los demás países miembros del bloque.

Cuadro 3.13.1. Exportaciones de Colombia al Mercosur (millones de dólares)

País	2006	Participación %	2007	Participación %
Argentina	51,2	20,49	74,1	13,28
Brasil	190,7	76,32	471,4	84,46
Paraguay	2,4	0,97	3,5	0,63
Uruguay	5,6	2,23	9,1	1,63
Mercosur	249,9	1,02	558,1	1,86
Resto del mundo	24.391	100	29.991,3	100

Fuente: Ministerio de Comercio, Industria y Turismo y DIAN.

Cuadro 3.13.2. Importaciones de Colombia del Mercosur
(millones de dólares)

País	2006	Participación %	2007	Participación %
Argentina	515,3	22,21	627,50	21,40
Brasil	1763,1	75,99	2250,30	76,76
Paraguay	12,2	0,53	16,50	0,56
Uruguay	29,6	1,28	37,40	1,28
Mercosur	2320,1	9,46	2931,70	9,51
Resto del mundo	24.534,0	100	30815,3	100

Fuente: Ministerio de Comercio, Industria y Turismo y DIAN.

Es claro que la situación de Colombia con respecto a este bloque es especialmente particular, dado que a partir del año 2001 el volumen de importaciones ha venido creciendo de una manera bastante vertiginosa, al tiempo que las exportaciones colombianas hacia él aumentan a ritmos bastante moderados. Es increíble que el ritmo de las compras colombianas provenientes del Mercosur sea 6 veces superior al de las ventas, teniendo en cuenta que para el último año la situación mejoró, puesto que el año inmediatamente anterior esta cifra alcanzaba una relación de casi 10 a 1.

Es importante observar que aproximadamente el 85% de las exportaciones de Colombia al bloque son a Brasil (US $471.4 millones), y el 77% de importaciones que se hacen al bloque provienen de ese mismo país. Lo preocupante no es solo que los niveles de comercio entre Colombia y las demás naciones son bajos, sino que las compras, que alcanzan los US $2.250 millones, representan casi cinco veces las primeras. Aquí el país debe realizar esfuerzos para promocionar sus productos en ese mercado, que es el más grande de Latinoamérica (según el número de habitantes).

En cuanto a la balanza comercial, esta es deficitaria con tres de los países del Mercosur, con excepción de Paraguay y Uruguay, donde el comercio, si bien está en tablas, para utilizar una expresión del ajedrez, el flujo es relativamente pequeño, para no decir insignificante. La preocupación surge con Brasil y Argentina, países que en conjunto arrojan un déficit en la balanza comercial en contra de Colombia, de US$ 2.700 millones.

Para el año 2007, los cuatro países tenían una población que superaba los 240 millones de habitantes (5,5 veces la de Colombia). Ello suena atractivo a la hora de reforzar las estrategias comerciales, pero buscándole salidas a los productos colombianos que puedan, en el mediano plazo, reversar la situación deficitaria que existe en la actualidad.

14. Tratado de Libre Comercio Colombia-Chile

Colombia pasó de tener por varios años un Acuerdo de Complementación Comercial a un Tratado de Libre Comercio, así reza el preámbulo de este último, firmado entre los dos gobiernos en noviembre de 2007:

> [...] dada la voluntad de estrechar los lazos especiales de amistad, solidaridad y cooperación entre sus pueblos; el desarrollo de sus respectivos derechos y obligaciones derivados del Acuerdo de Marrakech por el que se establece la Organización Mundial de Comercio y del Tratado de Montevideo de 1980, así como de otros instrumentos bilaterales y multilaterales de integración y cooperación de los que sean parte, así como de otra serie de aspectos que se especifican en dicho Preámbulo, convinieron celebrar el Acuerdo.[55]

15. Acuerdo de Libre Comercio entre Canadá y la República de Colombia

A continuación se citan textualmente algunos objetivos de dicho acuerdo, tomados de la página web del Ministerio de Comercio, Industria y Turismo de Colombia:

> Canadá y la República de Colombia, en adelante las "Partes", decididos a:
> Fortalecer los lazos especiales de amistad y cooperación entre sus pueblos;
> Contribuir al desarrollo armónico y la expansión del comercio mundial y regional y proveer un catalizador para una cooperación internacional más amplia;

[55] Ministerio de Comercio, Industria y Turismo: www.mincomercio.gov.co, buscar Acuerdos y Tratados Internacionales.

Desarrollar sus respectivos derechos y obligaciones en virtud del Acuerdo de Marrakech que establece la Organización Mundial de Comercio y otros instrumentos multilaterales y bilaterales de cooperación;
Promover la Integración Económica hemisférica;
Crear un mercado ampliado y seguro para los bienes y servicios producidos en sus territorios, así como nuevas oportunidades de empleo y mejores condiciones de trabajo y estándares de vida en sus respectivos territorios;
Reducir distorsiones al comercio;
Establecer reglas claras y mutuamente ventajosas que gobiernen su comercio;
Asegurar un esquema comercial predecible para la planeación de negocios e inversiones;
Aumentar la competitividad de sus firmas en el mercado global;
Asumir todo lo anterior de una manera compatible con la protección y conservación ambiental;
Mejorar y aplicar leyes y regulaciones ambientales y fortalecer la cooperación en asuntos ambientales;
Promover el desarrollo sostenible;
Promover un desarrollo económico integral con el objeto de reducir la pobreza;
Preservar sus flexibilidades para salvaguardar el bienestar público;
Han acordado lo siguiente:

Suscribir un Acuerdo de Libre Comercio con los siguientes artículos:
Establecimiento de la zona de libre comercio;
Relación con otros acuerdos;
Relación con acuerdos multilaterales sobre medio ambiente;
Extensión de las obligaciones;
Referencia a otros acuerdos;
Definiciones de aplicación general;
Definiciones específicas de cada país.

Este es un acuerdo que tiene veintitrés capítulos y tres anexos que contienen temas como: disposiciones generales; acceso a mercados; reglas de origen; medidas sanitarias y fitosanitarias; obstáculos técnicos al comercio; medidas de salvaguardia; inversión; comercio transfronterizo de servicios; telecomunicaciones; servicios financieros; entrada temporal de personal de negocios; políticas de monopolio, competencia y empresas del Estado; contratación pública; comercio electrónico; asuntos laborales; medio ambiente; cooperación relacionada con el comercio; transparencia; administración del trabajo; solución de controversias; excepciones y disposiciones finales.

Tal y como se aprecia en el cuadro 3.8.3, para todo el periodo entre 1995 y 2008 la balanza comercial de Colombia ha sido deficitaria. Esto obliga a que se revise la política con dicho país y se aproveche el tratado para promover las exportaciones de Colombia, y a utilizar los canales de venida para inversión canadiense en la industria nacional y reconversión del sector agropecuario.

16. Tratado de Libre Comercio Colombia-Centro América

Este tratado se firmó en agosto de 2007 por los representantes de la República de Colombia y los tres países que conforman el triángulo norte de Centro América, a saber El Salvador, Guatemala y Honduras. Estos tres países tienen una población de 27,7 millones de habitantes (cifras de 2007), ocupan un territorio de 242.018 kilómetros cuadrados, y tienen un ingreso nominal *per cápita* promedio de US $4.496.

Sus principales productos son el café, el azúcar, el pescado y el camarón, y son exportadores de confecciones, muebles y componentes electrónicos que maquilan en sus zonas francas.[56] Cuentan con una oferta importante de productos de metalmecánica y plástico.

En el periodo entre el año 2000 y el año 2007 se registró déficit en su balanza comercial que llegó a US $16.767 millones en el último año, y a US $12.783 millones en 2008. Ello convirtió a este sub-bloque en un atractivo para las exportaciones de Colombia, dada la cercanía y la posibilidad de enviar los productos por la costa norte de Colombia hacia Guatemala y Honduras, y por la pacífica a El Salvador y Guatemala.

Tal y como ocurre con Colombia, el principal destino y origen de las exportaciones e importaciones del triángulo son los Estados Unidos, pero también existe un comercio intrarregional importante.

---

[56] Ministerio de Comercio Industria y Turismo: www.mincomercio.gov.co.

En el mismo periodo citado, la balanza comercial de Colombia con los tres países ha sido superavitaria; alcanzó los US $236 millones en 2007, en razón a que las exportaciones llegaron a los US $269 millones (El 1% del total de las exportaciones de Colombia en ese año) las importaciones solo alcanzaron los US $33 millones.

Al observar los valores del cuadro 3.16.1, que incluyen los cinco países centroamericanos, más Panamá, se hallan datos interesantes desde la perspectiva de Colombia, como que el PIB regional en 2008 superó al colombiano, pues alcanzó los US $232.120 millones, mientras que el colombiano estuvo por los US $180.000 millones.

La población de aquella zona es un poco menor que la colombiana (41 millones de habitantes), lo cual hace pensar que los niveles de productividad del factor mano de obra son superiores que en una sana lógica no deberían ser, en razón a que tres de los países estuvieron enfrentados en guerras civiles. En Nicaragua, por ejemplo, los sectores productivos se destruyeron, y en el caso de El Salvador mucha de la mano de obra calificada emigró del país hacia los Estados Unidos.

En cuanto al tamaño del mercado, este no resulta para nada despreciable por dos razones fundamentales: por un lado, el ingreso *per cápita* promedio es superior al colombiano (claro que Panamá desempeña un papel importante en el promedio) y, por otro, las compras totales alcanzan los US $44.000 millones —de hecho, parte de estas podrían ser suplidas por Colombia si se define e implementa una fuerte estrategia de promoción de exportaciones que incluya ferias, exposiciones, traer misiones empresariales para que visiten el país suramericano y envíen empresarios colombianos, para que se familiaricen con dicha región, pues está la percepción de que existe un gran descuido hacia ella—.

Cuadro 3.16.1. Centro América y Panamá, algunas cifras al año 2008

	Costa Rica	El Salvador	Honduras	Guatemala	Nicaragua	Panamá	Total
PIB (millones de US $)	56.700	35.970	24.690	67.450	18.170	29.140	232.120
Población (miles de habitantes)	4.200	7.100	7.639	13.000	5.786	3.293	41.018
PIB/*per cápita*	13.500	5.066	3.232	5.188	3.140	8.849	5.659*

Continúa

	Costa Rica	El Salvador	Honduras	Guatemala	Nicaragua	Panamá	Total
Exportaciones (millones de dólares)	9.232	3.980	3.924	7.468	2.235	9.662	36.501
Importaciones (millones de dólares)	11.840	9.687	6.798	12.670	3.647	12.100	43.902
Balanza comercial	(2.608)	(4.707)	(2.874)	(5.202)	(1.412)	(2.438)	(7.401)

Fuente: elaboración propia con datos del Banco Mundial y World Economic Indicators.
* Promedio regional.

17. Plan Puebla Panamá. Proyecto de Desarrollo e Integración de Mesoamérica

En la VI Cumbre del Mecanismo de Diálogo y Concertación de Tuxtla realizada en Managua, Nicaragua, el 25 de marzo de 2005, los jefes de Estado y de Gobierno de Guatemala, Honduras, México y Nicaragua, y el segundo vicepresidente de Panamá, el ministro de Relaciones Exteriores y Culto de Costa Rica y los representantes del presidente de El Salvador y del primer ministro de Belice, recordaron la Declaración Conjunta de la Cumbre Extraordinaria de los países integrantes del Mecanismo de Diálogo y Concertación de Tuxtla (Mecanismo de Tuxtla), celebrada en San Salvador, El Salvador, el 15 de junio de 2001; reiteraron que el Mecanismo de Tuxtla es el máximo foro mesoamericano que ampara el conjunto interdependiente de instancias de diálogo y de seguimiento, teniendo presente el desarrollo que ha alcanzado el Mecanismo del Plan Puebla Panamá (PPP) como instrumento impulsor del desarrollo y la integración regional, acordaron la institucionalización del Mecanismo del Plan Puebla Panamá (PPP) por parte de los Estados Integrantes del Mecanismo de Tuxtla.

En esa misma reunión acordaron darle la forma jurídica y administrativa y nombraron una serie de comités que estructuraron al PPP sobre dos ejes: el de desarrollo humano y su entorno, y el de integración productiva y competitividad. En cuanto al primero, las áreas de intervención establecidas son desarrollo humano, desarrollo sostenible, prevención y mitigación de desastres naturales y cambio climático; el segundo eje se compone de energía, facilitación comercial y competitividad, integración de los servicios de telecomunicaciones, transporte y turismo.

El PPP es un espacio político de alto nivel que articula esfuerzos de cooperación, desarrollo e integración de 9 países (Belice, Colombia, Costa Rica, El Salvador, Guatemala, Honduras, Nicaragua y Panamá) y los Estados del sur y sureste de México (Campeche, Chiapas, Guerrero, Oaxaca, Puebla, Quintana Ro, Tabasco, Veracruz y Yucatán).

Este Plan debe facilitar la gestión y ejecución de proyectos orientados a prevenir la extracción indiscriminada de recursos naturales de Mesoamérica, así como la construcción de vías para interconectar los dos océanos y facilitar el flujo de mercancías entre los países y hacia afuera de la región.

Capítulo IV
La Unión Europea

1. Introducción

Tal y como se vio en el segundo capítulo, la Unión Europea es un bloque que reviste una capital importancia para el futuro comercial de Colombia por varias razones: como bloque de 27 países genera el 31% del PIB mundial, y ello lo convierte en un gran demandante de materias primas y productos semi-elaborados para sus sectores industriales; mercados que, con estrategias adecuadas, podrían ser suplidos por la producción nacional. Además, la Unión Europea es el segundo comprador mundial y, por razones un tanto inexplicadas, parecería que Colombia no ha hecho lo suficiente para tener una mejor posición como país proveedor. En el evento en que no se materializara el TLC con los Estados Unidos y se terminaran las Preferencias Arancelarias Andinas (APTDEA), el comercio exterior de Colombia se afectaría considerablemente en ese sentido, desde ya se deberían hacer los arreglos institucionales y comerciales para buscar salidas y nuevos mercados a los exportables que se dejen de enviar al país del norte; la Unión Europea, entonces, podría ser una magnífica opción, tal y como se podrá observar en los párrafos siguientes.

2. ¿Qué es la Unión Europea y cuáles son sus orígenes?

La Unión Europea actual es el resultado de un proceso que se inició hace más de sesenta años con la firma, en 1948, de un tratado que formó The Benelux Customs Union, integrado por Bélgica, Luxemburgo y Holanda. En 1951 se creó The European Coal and Steel Company, conformado por Francia, Alemania, Italia y los tres países que conformaban The Benelux Customs Union. Esas dos industrias (la del carbón y el aluminio) constituyeron en esa época el músculo industrial del poder militar de Europa.

Una vez montada y puesta en operación The European Coal and Steel Company, el trabajo conjunto y las decisiones de consenso para temas fundamentales y de interés para los seis países empezaron a operar. Dado que entre ellos estaban Alemania y Francia, naciones que no podían olvidar en el decenio de los cincuenta que en los últimos ochenta años se habían enfrentado en tres conflictos, incluyendo las dos guerras mundiales, negociando se entendió que la unión y las negociaciones en las mesas eran menos dolorosas que enfrentarse en campos de batalla, y fue allí donde iniciaron un proceso de acuerdos tendiente a buscar una integración en varios terrenos de la vida de sus pueblos, partiendo de lo comercial pero con un fondo que era la búsqueda y consolidación de la paz. Fue así como en 1957 los seis países conformaron la ECC, European Economic Community (o en español el Mercado Común Europeo, MCE), que inició operaciones el primero de enero de 1958, y que hoy en día ya cuenta con 27 países y está en negociaciones con otros 11, incluyendo algunas de las nuevas democracias de la antigua Unión Soviética, para conformar una unión de 38 naciones en el mayor bloque comercial del mundo, con moneda propia (el euro) y Constitución propia.

Es importante entender este proceso desde el punto de vista de la paz mundial. Francia y Alemania se vieron involucrados en tres conflictos armados a lo largo de ocho decenios, antes de 1950, incluyendo las dos guerras mundiales; por tanto esa unión marcó la vía para la convivencia pacífica entre las dos naciones. Robert Schuman, el ministro francés de Relaciones Exteriores de la época, afirmó, el 9 de mayo de 1950, que cualquier guerra entre Alemania y Francia era no solamente impensable, sino materialmente imposible.[57]

La unión de estas naciones trajo sus pros y contras a la vez. En el caso de Francia, abrir las puertas a Alemania con su tremendo potencial industrial era algo que ponía nerviosos a los franceses; sin embargo, los años demostraron que trabajando unidos se pudo consolidar un poder en todos los campos que les ha permitido integrar a las otras naciones de Europa. Para Alemania, después de doce años de régimen nazi que culminó con la devastación del país en 1945,

[57] Pinder, John. *The European Union, a very Short Introduction*. New York: Oxford University Press, 2001.

la comunidad significó la oportunidad de volver a ser una población respetada (ver Pinder, p. 2). Al respecto, Schuman declaró "[...] que la nueva comunidad sería la primera fundación concreta de una Federación Europea, la cual es indispensable para la preservación de la paz".[58]

Según Pinder, las otras cuatro naciones, Bélgica, Italia, Luxemburgo y Holanda, también vieron en la nueva comunidad un medio para asegurar la paz, al llamar a Alemania para que hiciera parte de una de las instituciones europeas más fuertes. Si bien la conformación de la Comunidad tenía dos principios básicos que eran acercar a Francia con Alemania y de esta forma "garantizar" la paz en la región, existían otros elementos no menos importantes como los aspectos políticos y económicos.

Las fronteras entre Francia, Alemania, Bélgica y Luxemburgo se cruzaban con las minas de aluminio y carbón (ver figura 4.2.1), dos recursos requeridos por todos para su desarrollo industrial. Al conformar la comunidad, eliminar las barreras al comercio entre ellos y acompañar esto con medidas de gobierno conjuntas, se dio un impulso significativo al desarrollo de la industria en los cuatro países fronterizos.

Todo ello sumado a la reconciliación y la paz entre los seis países que conformaban The European Coal and Steel Company, los animó a considerar que esto era simplemente una primera etapa que los debería llevar, como dijo Schuman, hacia una unificación política y económica.

Después de un falso intento por una segunda fase, cuando la Asamblea Nacional de Francia no ratificó el Tratado para la Defensa de la Comunidad en 1954, los seis países iniciaron el proceso hacia la Integración Económica.

El concepto de mercado común fue extendido en el interior de los seis países en lo concerniente a los bienes, cuando la European Economic Community fue creada en 1958.

La EEC, además de permitir el libre movimiento de bienes en las fronteras, definió unas tarifas comunes para terceros países y sentó las bases para negociaciones comunes con los Estados Unidos; ello demostró el potencial que tendría la EEC para jugar como un actor importante en el contexto global, por cuanto contaba con un instrumento fuerte de negociación que condujera la política exterior.

---

[58] Pinder, *ibid.*

Figura 4.2.1. De EEC a UE

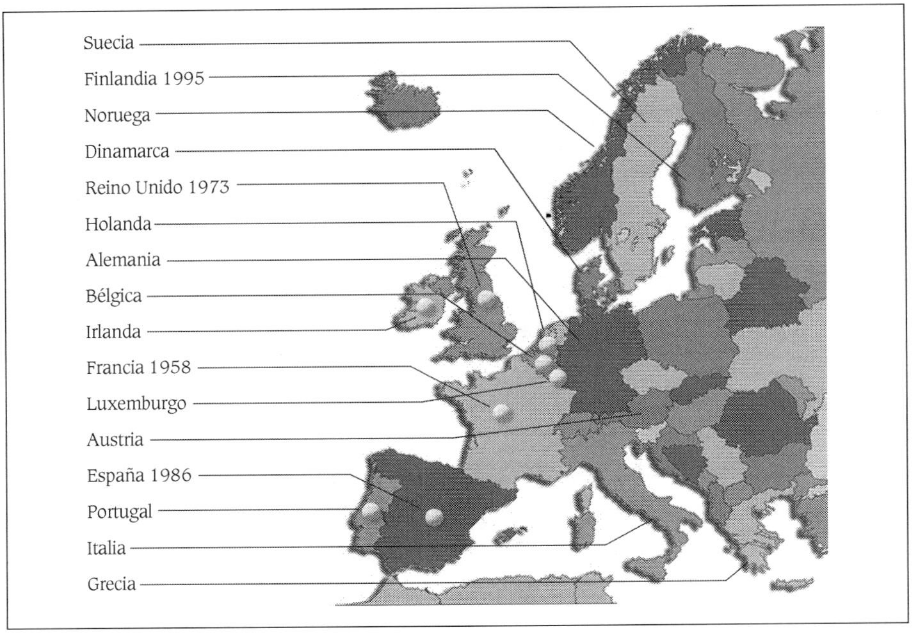

En 1954, sin que el Reino Unido fuera miembro de la comunidad, el primer ministro Wiston Churchill hizo referencia a lo que él denominó como los Estados Unidos de Europa.

La conformación de la EEC le permitió a Europa restaurar su influencia a lo largo y ancho del mundo, disipada después de las dos guerras mundiales (Pinder, página 4).

El primero de enero de 1958 entraron en operación dos tratados de singular importancia para Europa, por un lado, el que daba inició a la EEC y al Tratado de Roma que se denominaba como European Atomic Energy Community (Euratom). Esos dos tratados inician con la premisa "Roma no se construyó en un día", y cada uno con su particularidad han llevado a Europa a conformar lo que hoy se conoce como la Unión Europea, que entre otras cuenta con un parlamento propio, la Corte de Justicia Europea y el euro como moneda única.

Según John McCormick (2002)[59] los resultados de la Unión Europea han sido sustanciales. Un conjunto de tratados, leyes e instituciones han alterado las

---

[59] Mccormick, John. *Understanding the European Union, a Concise Introduction*. New York: Palgrave, 2002.

relaciones políticas, económicas y sociales de la Europa Occidental. McCormick sintetiza la hoy Unión Europea así:

> La UE es el más grande bloque comercial del mundo.
>
> Es uno de los dos más grandes mercados del mundo.
>
> Ha logrado mantener la paz entre sus miembros por el periodo más prolongado de su historia.
>
> Ha logrado conformar un súper poder económico (31% del PIB mundial).
>
> Ha adoptado una moneda común más fuerte que el dólar americano.
>
> Ha sembrado la semilla para una política exterior común.
>
> El libre comercio y la libertad de movimiento de la gente han disuelto las barreras que por mucho tiempo amarraron a Europa; sin embargo, se mantienen las identidades regionales y nacionales y se ha logrado prácticamente eliminar los riesgos de conflictos (guerras) entre los países miembros.

Dadas las circunstancias, los europeos han tenido que aprender acerca de la naturaleza y estructura de la Unión Europea (ver Mccormick, p. xi)

Hace quince años, para los europeos la Unión Europea era simplemente un nuevo factor en sus modos de vida, hoy, con una moneda única, un mercado común de 27 países y una política exterior común, se ha logrado que el término Unión Europea sea fundamental para todos los habitantes de la Europa Occidental.

Los críticos dicen que ha sido un proceso de élites totalmente antidemocrático y que los burócratas han logrado incrementar su poder pero no su *accountability*, sin embargo, esto cambiará poco hasta que los europeos aprendan a conocer a la Unión Europea, cómo trabaja, y con ello incrementen la presión para esa *accountability* (MacCormick, p.xii).

A partir de 1963, el Reino Unido, Dinamarca, Irlanda y Noruega hicieron intentos por ingresar al entonces EEC, pero Degaulle se opuso. Sin embargo, después de su renuncia en 1969, lo sucedió Pompidou, quien apoyó la entrada de esos países con ciertos compromisos: a) que apoyaran los intereses de Francia dentro de la EEC, y b) que apoyaran la Common Agricultural Policy (CAP) y dentro de ella los intereses agrícolas de Francia.

- En diciembre de 1969 se propuso en Hague la Economic and Monetary Union, pero solo se materializó hasta 1990 (21 años después).

- Gran Bretaña, en conjunto con Dinamarca e Irlanda, ingresaron a la Comunidad Europea el primero de enero de 1973.
- Remover las barreras arancelarias y las no arancelarias implicó 300 documentos con medidas específicas emitidas por la Comisión.
- Grecia entró a formar parte en 1981, mientras que España y Portugal lo hicieron en 1986.
- Austria, Finlandia y Suecia se unieron en enero de 1995.

En los últimos años, diez países que estuvieron bajo la dominación de la Unión Soviética y que hacían parte de Europa Central y del Este obtuvieron la asociación con la Unión. En 1997 aquella indicó que cinco países habían logrado grandes progresos y por ello podrían ser aceptados como miembros a partir del siguiente año, ellos fueron: República Checa, Estonia, Hungría, Polonia y Eslovenia. Las negociaciones con otros cinco iniciaron en el año 2000, estos fueron: Bulgaria, Letonia, Lituania, Rumania y Eslovaquia conjuntamente con Malta. La candidatura de Turquía fue reconocida pero dados los problemas internos se aplazó la fecha para iniciar las negociaciones.

Figura 4.2.2. La Unión Europea ampliada

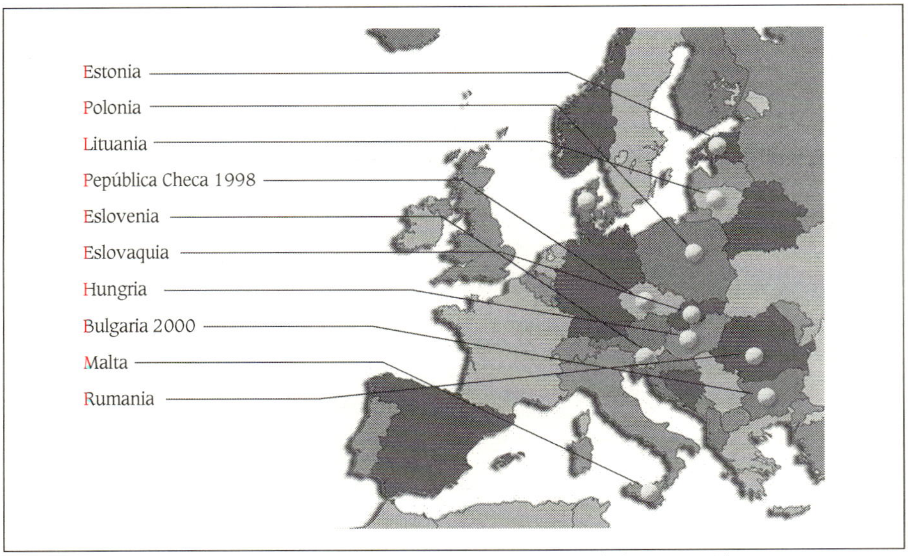

Fuente: "To understand Europe you have to be a genius or French".[60] Tomado de: McCormick.

[60] Madeleine Albright, US Secretary of State, 1998. Pensamiento citado por McCormick, p. 1.

La Integración Económica en Europa ha sido vista como un medio para lograr y consolidar la paz, eliminando las barreras al comercio, armonizando las políticas monetarias, haciendo arreglos para la libre movilidad de las personas, bienes, servicios y capitales, todo ello sobre la expectativa de brindar nuevos y mejores niveles de bienestar y prosperidad para todos los habitantes de la región.

La integración política, dice McCormick, "[...] puede ser definida como el proceso por el cual los líderes políticos y los ciudadanos en cada uno de los países aceptan crear un nuevo conjunto de instituciones de gobierno común, y dar a esas instituciones poder jurisdiccional y desplazar algunos de sus objetivos y expectativas hacia aquel nuevo nivel de gobierno".[61]

En vez de tomar decisiones separadas, dice McCormick (p.13), sobre política interna y externa, ellos deciden tomar decisiones conjuntas o delegar las decisiones dando poder a las nuevas instituciones. Los países dejan de actuar separada e independientemente y, por el contrario, trabajan como uno solo, con resultados como que las decisiones de política se expandan más allá de las fronteras de cada país miembro y se incorporen valores y prioridades multinacionales (ver Lindberg, 1963, pp. 6-7, y Hass, 1968, p.16).

3. La institucionalidad de la Unión Europea

La hoy llamada Unión Europea, tal y como se mostró en el numeral anterior, es el resultado de años de trabajo de personalidades y doctos en las diferentes disciplinas, y de llegar a consensos en temas que transcienden la soberanía de cada uno de los Estados que la han venido conformando.

Debe tenerse en cuenta que se trata de una región con historia forjada sobre los siglos, compuesta por variedad de pueblos, tribus, razas, lenguas y religiones, y que en el transcurso de su historia se ha visto involucrada en invasiones, guerras y todo lo que ello implica, hasta la tan recordada Segunda Guerra Mundial (1939-1945), en la que murieron más de 50 millones de seres humanos, quedaron lisiados otros centenares de millones y toda la población se vio afectada.

Esta introducción se hace no con el objeto de revivir odios o tiempos, que afortunadamente ya pasaron, sino para ver que cuando hay voluntad en los pueblos y en sus líderes, no hay barrera que pueda parar un proceso. La Unión

[61] Mccormick, John. *Understanding the European Union, a Concise Introduction*. New York: Palgrave, 2002.

Europea es un ejemplo real que deberían seguir otras regiones como la latinoamericana.

Ha logrado conformar una estructura organizacional con sus propias jerarquías que parten del Consejo, en este tienen representación con voz y voto todos los países y estados miembros, y de él depende el Consejo de Ministros donde tienen asiento los cancilleres. Se cuenta con el Parlamento Europeo y una serie de comités que se encargan a fondo de áreas específicas que van desde las económicas, sociales, ambientales, y las regionales, y existe un estamento, la Corte de Justicia, que se ha encargado de temas tan difíciles que otrora pudieran haber desembocado en otra guerra de proporciones incalculables o conflictos bilaterales. El organigrama adjunto presenta las interrelaciones que existe en la estructura que ha logrado desarrollar la Unión Europea.

Figura 4.3.1. Organización de la Unión Europea

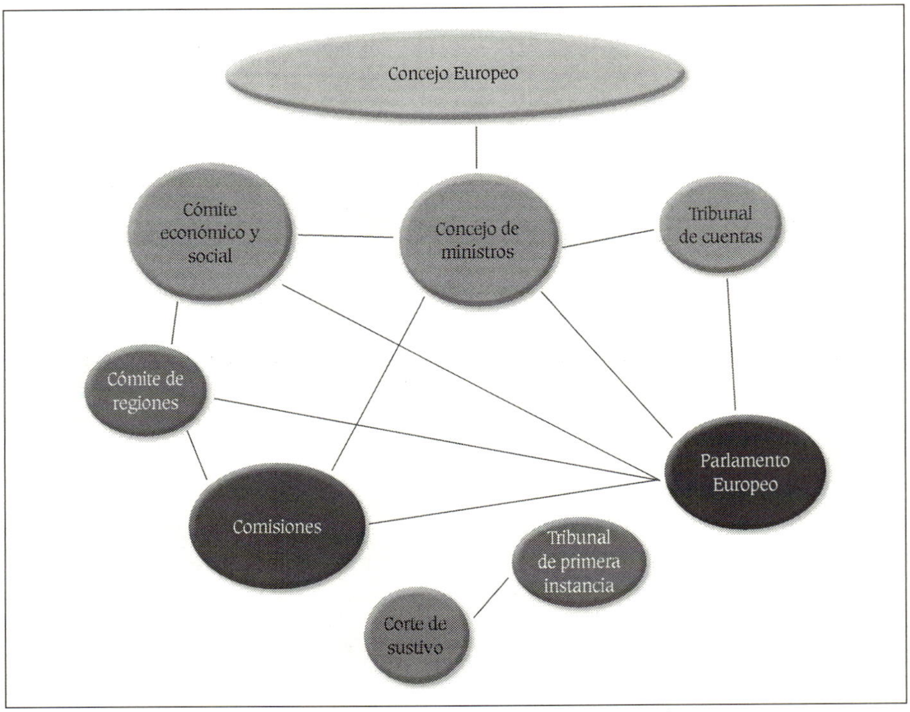

4. Exportaciones colombianas a la Unión Europea

Es importante observar las gráficas 4.4.1, 4.4.2 y el cuadro 4.4.1 para sacar algunas conclusiones acerca del comercio de Colombia con la Unión Europea. En el periodo de 1994 a 2008 se registró una pérdida en las exportaciones de Colombia hacia ese importante bloque, caída de unos US $1.100 millones, pues se pasó de US $2.600 millones en el pico más alto de ese periodo, en 1997, a US $1.500 millones en el año 2002; sin embargo, a partir de ese año se produjo un incremento sostenido en las exportaciones hasta llegar a los US $4.300 millones en 2007, lo cual representó 2,8 veces lo obtenido en 2002 —incluso en los once primeros meses de 2008 estas cifras llegaron a US $4.332 millones (ver cuadro 3.8.1 del capítulo III)—. Este repunte en las exportaciones de Colombia hacia ese bloque se debe, entre otras, a la implementación de la política del Gobierno de buscar nuevos mercados para los productos colombianos y de mirar hacia aquellos que presentan potencialidades.

En el cuadro 4.4.2, donde se presentan las exportaciones por países para el año 2006, se resalta el hecho de que el 66,6% de esas exportaciones eran destinadas a 5 de los países, en su orden: Holanda (Países Bajos), Alemania, Bélgica, Italia y Reino Unido. También se resalta que de esos países, 4 corresponden a los originales del Mercado Común Europeo. Otros aspectos interesantes de analizar desde la visión de Colombia son que el principal comprador del grupo es Holanda; que la participación comercial de Francia es baja en términos relativos, siendo un país con el cual históricamente se han mantenido excelentes relaciones, y que causa un poco de asombro ver que España solo participa con el 9% de las compras del grupo a Colombia.

Cuadro 4.4.1. Exportaciones de Colombia hacia la Unión Europea 27
(millones de dólares)

	1998	1999	2000	2001	2002	2003	2004	2005	2006	2007
Exportaciones hacia UE27	**2 512**	**1 945**	**1 762**	**1 744**	**1 654**	**1 889**	**2 327**	**2 738**	**3 340**	**4 383**
Suma de los principales 25 productos	**2 326**	**1 768**	**1 593**	**1 566**	**1 485**	**1 697**	**2 081**	**2 415**	**3 073**	**4 084**
Suma de los principales 25 productos/Total exportaciones hacia UE27 %	**93%**	**91%**	**90%**	**90%**	**90%**	**90%**	**89%**	**88%**	**92%**	**93%**
1 Hulla bituminosa	677	532	511	661	510	697	891	1026	1111	1475
2 Café sin tostar, sin descafeinar	1012	597	455	328	315	316	347	426	570	707
3 Ferroníquel	78	112	150	167	165	202	306	308	481	705
4 Plátanos tipo «cavendish valery» frescos	275	286	245	216	238	243	255	290	311	385
5 Aceites crudos de petróleo o de mineral bituminoso	0	10	0	0	58	0	0	18	216	237
6 Aceite de palma en bruto	35	34	21	9	13	23	57	60	53	155
7 Claveles frescos	59	53	49	53	54	53	49	60	60	67
8 Extractos, esencias y concentrados de café	75	41	50	29	22	28	28	38	44	47
9 Desperdicios y desechos de acero inoxidable	1	1	1	1	1	3	5	7	21	30
10 Cueros y pieles curtidos de bovino o de equino, depilados, en estado húmedo, plena flor sin dividir o divididos con la flor	2	2	11	13	17	21	18	11	32	27
11 Preparaciones y conservas de atunes, enteros o en trozos	46	29	25	20	27	33	23	26	20	25

	1998	1999	2000	2001	2002	2003	2004	2005	2006	2007
12 Uchuvas (uvillas) (Physalis peruviana) frescas	3	4	7	8	7	8	13	23	22	24
13 Cuadros, paneles, consolas, armarios y demás soportes de la partida 85.37, sin sus aparatos	0	0	0	0	0	0	0	0	0	23
14 Langostinos (Penaeus spp.) congelados	0	0	1	0	0	0	0	0	0	23
15 Policloruro de vinilo sin mezclar con otras sustancias, obtenido por polimerización en suspensión, en formas primarias	1	1	0	1	4	7	10	5	15	21
16 Polipropileno en formas primarias	0	0	0	0	2	2	3	3	5	19
17 Desperdicios y desechos de níquel.	1	1	2	5	4	5	6	14	19	18
18 Rosas frescas	10	9	7	7	7	8	9	12	14	17
19 Bombones, caramelos, confites y pastillas sin cacao	0	1	1	1	1	1	4	11	11	15
20 Camarones y demás decápodos natantia congelados	29	32	37	33	26	31	24	36	38	13
21 Pantalones largos, pantalones con peto, pantalones cortos y short, excepto de punto, para hombres o niños, de algodón	18	17	14	10	8	6	8	9	12	12
22 Coques y semicoques de hulla	0	0	0	0	0	0	11	14	3	11
23 Aceite de almendra de palma en bruto	2	4	3	1	1	2	8	12	6	10
24 Copolímeros de propileno, en formas primarias	0	0	0	0	1	2	2	1	2	10
25 Demás flores y capullos, cortados para ramos o adornos, frescos	2	2	2	3	3	4	3	5	7	10

Fuente: Comunidad Andina, Secretaría General, Sistema Integrado de Comercio Exterior. Dicisión 511. SICEXT.

Elaboración: Comunidad Andina, Segretaría General, Oficina de Estadística.

Cuadro 4.4.2. Exportaciones colombianas hacia la Unión Europea por países, 2006.
(valores FOB en dólares)

País	Valor en miles de US$	%
Alemania	372,5	14,4
Austria	4	-
Bélgica	340	13,2
Dinamarca	69	2,7
España	232	9
Finlandia	32	1,2
Francia	145	5,6
Grecia	4	-
Holanda	475	18,4
Irlanda	64	
Italia	270	10,5
Luxemburgo	0.6	-
Portugal	101	3,9
Reino unido	261	10,1
Suecia	35	1,3
Total	2.574	100

Fuente: Proexport.

En la gráfica 4.4.2 se presenta la balanza comercial de Colombia con la Unión Europea, en ella se muestra que con excepción de 1999, esta fue negativa durante todo el periodo entre 1995 y principios del año 2004, momento en el que se registra positiva y creciente hasta 2007. El año 2008 solo está registrado hasta agosto, y aunque se presenta en la gráfica no se cuenta para el análisis.

Gráfica 4.4.1. Exportaciones a la Unión Europea

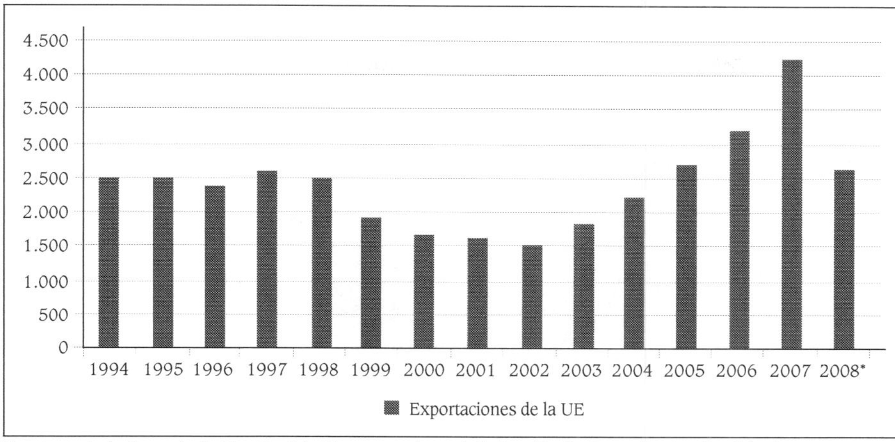

Fuente: trabajo de grado de Elsa Patricia Hoyos con datos de la Sección de Comercio Exterior del DANE.

Gráfica 4.4.2. Balanza comercial

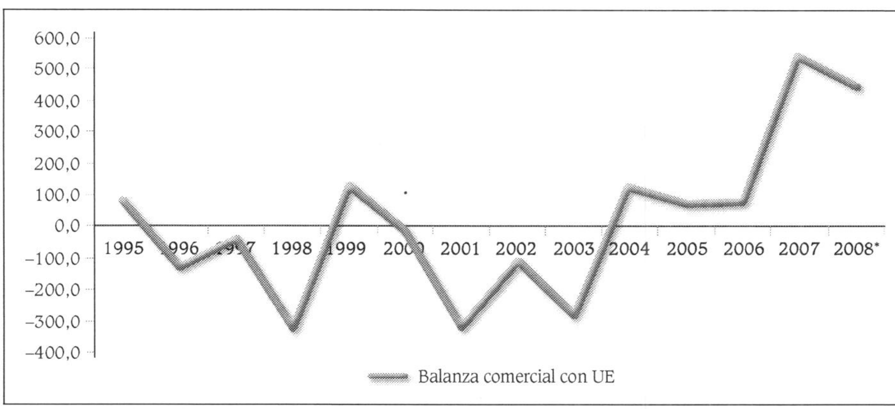

Fuente: trabajo de grado de Elsa Patricia Hoyos con datos de la Sección de Comercio Exterior del DANE.

La gráfica 4.4.3 muestra la composición de las exportaciones colombianas en coherencia con los planteamientos de Krugman, cuando expresa que los países en desarrollo que aportan el 20% al comercio mundial son exportadores de materias primas y productos primarios. Con Colombia ocurre que el 72% de las exportaciones hacia el bloque en mención lo constituyen productos tradicionales como carbón, banano, flores y café, y tan solo un 28% lo conforman los productos no tradicionales, con el agravante de que esta categoría está formada también por productos primarios que han ido ganando terreno en ese mercado tan competido.

Gráfica 4.4.3. Composición de las exportaciones a la Unión Europea

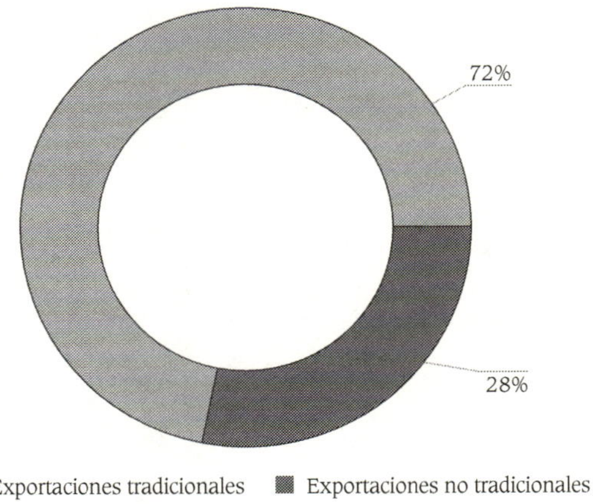

Fuente: Hoyos Forero, Elsa Patricia. Análisis de las Exportaciones Colombianas.

La Unión Europea es el socio comercial más grande del mundo, con un mercado de 500 millones de compradores potenciales. Desde 1994 ha cumplido con su compromiso de ampliar y profundizar las relaciones con sus socios de Latinoamérica, y por eso busca fomentar los intercambios comerciales y la inversión por medio de empresas conjuntas. También brinda cooperación en aquellos sectores que están rezagados, con miras a ayudar en el desarrollo y progreso de los países.

Para Colombia, la Unión Europea es el segundo socio comercial y el primer donante de cooperación, esto permite mantener una relación sólida con los países europeos, a la vez que sienta las bases para un mayor acceso de los productos colombianos a ese mercado.

5. Estructura comercial Unión Europea-Comunidad Andina de Naciones

5.1. Exportaciones

Al analizar las cifras del cuadro 4.5.1 se aprecia que en 1997 Colombia era el país que, en términos porcentuales, más le vendía a la Unión Europea, de los cuatro que conforman la Comunidad Andina. Su participación del 47% bajó paulatinamente hasta llegar a un 38% y fue superada por Perú, que inició con el

29% y ya en el año 2007 estaba en el 45%. La tendencia de Ecuador y Bolivia también ha sido decreciente.

5.2. Importaciones

Colombia sigue siendo el principal comprador de los países de la Comunidad Andina a la Unión Europea, en segundo lugar está Perú, en tercero Ecuador y por último Bolivia, que se mantiene en un 4% del promedio anual.

Lo que reflejan los datos es que se requiere mucho trabajo para lograr posicionar los productos colombianos en ese bloque, y abrir tanto nuevos mercados en el área europea como mercados para nuevos productos. Colombia no debe tomar a la ligera a la Unión Europea, ella cuenta con 500 millones de habitantes y unos ingresos *per cápita* por encima de los promedios mundiales de los países denominados de ingreso medio, esto es, US $18.500 *per cápita* (dólares de 2008). A lo anterior hay que agregarle, además, que están en lista para ingresar otros once países que seguramente ejercerán presión en el comercio mundial.

Cuadro 4.5.1. Estructura porcentual del comercio exterior de la Comunidad Andina con la Unión Europea

País	1997	1998	1999	2000	2001	2002	2003	2004	2005	2006	2007
Exportaciones FOB											
Comunidad Andina	100	100	100	100	100	100	100	100	100	100	100
Bolivia	5	6	6	6	3	1	1	2	1	2	2
Colombia	47	50	42	43	40	37	36	36	39	35	38
Ecuador	19	18	18	15	14	17	19	14	18	16	15
Perú	29	25	34	36	43	45	43	48	42	48	45
Importaciones CIF											
Comunidad Andina	100	100	100	100	100	100	100	100	100	100	100
Bolivia	5	6	6	6	4	4	3	3	4	4	4
Colombia	54	55	54	53	54	47	50	50	49	47	49
Ecuador	15	15	11	12	16	24	20	19	18	17	16
Perú	25	24	29	28	26	25	27	27	29	33	31

Fuente: Comunidad Andina, Secretaría General, Sistema Integración de Comercio Exterior.

Elaboración: Comunidad Andina, Secretaría General, Oficina de Estadística.

En términos más específicos y según Proexport, la Unión Europea es el principal socio comercial de Colombia en muchos productos primarios y en algunos diversificados. La composición de las exportaciones de Colombia se encuentra dividida en dos grandes rubros: el primero, productos primarios, con una participación del 90%, donde intervienen el café, el banano, el carbón y el ferroníquel; y un segundo rubro que comprende los productos industriales, con el 10%, y ventas que se localizan en productos agroindustriales, textiles y confecciones. Las ventas de productos europeos hacia Colombia siguen teniendo la estructura característica del comercio entre países desarrollados y subdesarrollados, toda vez que se concentran en maquinaria e industrias básicas.

En el caso de la inversión, la Unión Europea también es el segundo socio de Colombia. Su participación ha tenido una fuerte representación en los bancos españoles que tuvieron una inmensa entrada en el sistema financiero colombiano a partir de 1996.

Las exportaciones de Colombia a la Unión Europea solo constituyen el 0,37% del total de sus importaciones. Colombia no tiene una estrategia para ingresar al mercado europeo, por eso no se ha acercado como se quisiera. Este bloque debe ser uno de los ejes del comercio exterior, y para lograrlo se necesitan conocer sus necesidades de consumo, sus expectativas de inversión y sus realidades como área económica.

Respecto a las oportunidades, la Unión Europea conforma un mercado abierto a las exportaciones no tradicionales como alimentos procesados, productos del sector pecuario, confecciones, artículos de cuero y artesanías. El éxito está en las manos del productor nacional que debe rediseñar su empresa con mentalidad exportadora y fundamentada en un proceso logístico que mejore sus condiciones, sus capacidades y sus perspectivas.

Colombia debe tratar de posicionarse en el mercado comunitario antes de que se dé una desviación del comercio y las preferencias hacia otros países como los de Europa Oriental, que actualmente negocian su ingreso a la Unión. Por tanto, hay que aprovechar ahora los beneficios concedidos al país, que hasta el momento son más ventajosos que los concedidos a las naciones de Europa Oriental, por medio del establecimiento de fuertes lazos comerciales.

6. Costos y beneficios de la integración regional en el caso de Europa[62]

6.1. Beneficios

- La cooperación hace que las guerras y los conflictos sean menos probables.
- Un mercado simple entre los países le ofrece a los empresarios de los países miembros un mayor número de consumidores.
- La asociación crea corporaciones líderes en todo el mundo.
- Una mayor libertad para cruzar las fronteras.
- Un *pool* de recursos económicos y sociales de los países miembros.
- Un mayor poder en el ámbito global de los Estados miembros.
- Los Estados más pobres encuentran oportunidades para subir sus niveles de bienestar.
- Fondos e inversiones comunes permiten crear nuevas oportunidades en los países más pobres.
- La promoción de la democracia y el capitalismo ha sido un resultado de la Unión Europea a favor de los países más débiles de la Unión.

6.2. Costos

- Pérdida de soberanía e independencia nacional.
- Pérdida de identidad nacional. Las leyes, regulaciones y los estándares son armonizados.
- Se reduce el poder de los gobiernos nacionales.
- La creación de un nuevo nivel de poder impersonal, "gran gobierno" en Bruselas, para el caso de la Unión Europea.
- Se incrementa la competencia y la pérdida de trabajos dada la remoción a la protección de los mercados.
- Se incrementa el tráfico de drogas y la criminalidad debido a la remoción de controles en las fronteras.
- La integración promueve la globalización y con ello los problemas relacionados.

[62] McCormick, *Op. cit.*, p.16.

6.3. El punto de vista del autor

Para el autor, la integración permite:

- Modificar las elasticidades de demanda de los diferentes *commodities*, dado que se atenderán mercados diferentes.
- Eliminar los monopolios locales.
- Utilizar mejor las ventajas comparativas de cada uno de los miembros.
- Utilizar los recursos más abundantes y baratos que existan en cada uno de los países e integrarlos en los procesos productivos.
- Ubicar las plantas en los lugares estratégicos bien sea por cercanía a los mercados más grandes o a los factores de producción.
- Mayor flujo de capitales.
- Utilización de la tecnología que aparezca en un Estado Miembro a favor de los otros.
- Libre movilidad de bienes, factores y servicios.
- Dada la competencia entre los factores, no solo de los productos, se pueden lograr remuneraciones justas para los factores de producción, y acordes a sus productividades marginales.
- Para el caso de la fuerza laboral, salarios más justos conllevan a mayores ingresos y por tanto mayor poder de compra de los consumidores. Ello, a su vez, incrementa la demanda y hace que las empresas produzcan más, lo cual genera nuevas oportunidades de trabajo y así, sucesivamente, generando círculos virtuales en la producción.
- Los países más pobres pueden utilizar el ahorro de sus aliados más ricos para inversión productiva, ello contribuye al crecimiento de la producción regional y su participación a nivel mundial.
- Una mayor producción por parte de los países miembros puede afectar los precios internacionales de los *commodities* a favor de los consumidores del mundo, pues ello tendería más a lo que se define como "competencia perfecta". Claro está que aquí hay otra serie de supuestos implícitos y de intereses de las transnacionales que no necesariamente dejan que la economía fluya como debe ser, sino como es (Friedman, 1968).[63]

---

[63] Friedman, Milton. *Methodology of Positive Economics*. 1953 and University of Chicago Press, 1966.

7. La convención de Lomé

Por considerarlo de interés para Colombia, es importante conocer algo al respecto de esta convención. Se produjo porque Francia deseaba algunas ventajas para sus antiguas colonias; puso, entonces, como condición para la ratificación del Tratado de Roma, que se garantizara la entrada libre a las importaciones que provinieran de ellas y que además se les diera apoyo financiero por medio del European Development Fund (EDF).

A esta solicitud se sumaron Bélgica, Italia y Holanda, y la misma se extendió a todo África (no solo a las antiguas colonias), con excepción de África del Sur, los países mediterráneos y varios del Caribe y el Pacífico. Se conformó un número de 79 naciones a las que se les otorgó libertad y entrada preferencial para sus exportaciones a la Unión Europea, y ayuda para su desarrollo social y económico.

Cuadro 4.6.1. Países miembros de la convención de Lomé

Angola	Eritrea	Namibia	Uganda
Antigua y Bermuda	Etiopía	Níger	Vanuatu
Bahamas	Fiyi	Nigeria	Samoa Occidental
Barbados	Gabón	Papúa Nueva Guinea	Zambia
Belice	Gambia	Ruanda	Zimbabue
Benín	Ghana	Santo Tomé y Príncipe	
Botsuana	Granada	Senegal	
Burkina Faso	Guinea	Seychelles	
Burundi	Guinea-Bissau	Sierra Leona	
Cabo Verde	Guyana	Islas Salomón	
Camerún	Haití	Somalia	
Repúbica del África Central	Jamaica	San Cristóbal y Nieves	
Chad	Kenia	Santa Lucía	
Comoras	Kiribati	San Vicente y las Granadinas	
Congo	Lesoto	Sudán	
República Democrática del Congo	Liberia	Surinam	
Cote Deivore	Madagascar	Swaziland	
Cuba	Malaui	Tanzania	

Continúa

Yibuti	Malí	Togo	
Dominica	Mauritania	Tonga	
Repúbica Dominicana	Mauricio	Trinidad y Tobago	
Guinea Ecuatorial	Mozambique	Tuvalu	

Fuente: elaboración propia con base en información de: Pinder, John. The European Union; A Very Short Introduction, p. 147.

Capítulo V
Tratado de Libre Comercio de América del Norte (TLCAN)

1. Introducción

En el análisis de la situación de Colombia frente a la globalización y su participación dentro de los tratados y acuerdos de comercio, se ha considerado importante dar un vistazo al Tratado de Libre Comercio de América del Norte (TLCAN) para ver lo que le ha pasado a México, y tenerlo como espejo para plantear algunas hipótesis que contribuyan a la reflexión, relacionadas con los aspectos positivos y negativos del Tratado de Libre Comercio entre Colombia y los Estados Unidos.

El TLCAN entre los Estados Unidos, Canadá y México, que entró en vigencia el primero de enero de 1995 y que creó el área de libre comercio más grande del mundo, en tanto que vincula a 440 millones de personas y produce US $15.4 billones en bienes y servicios anualmente (ver cuadro 2.1.2 del capítulo II), contribuyó a la prosperidad y a que el crecimiento económico de los tres países haya sido mayor por el retiro de barreras comerciales y la apertura de mercados, sin embargo, existen dudas acerca de la equidad en la distribución de los beneficios entre sus poblaciones, en particular para el caso de México.

Durante los primeros 13 años del TLCAN, el PIB en cada uno de los países miembros se ha incrementado notablemente: en Estados Unidos 50%, en Canadá 54% y en México 46%. Cada día los socios realizan intercambios comerciales trilaterales de bienes por US $2.400 millones.

Según la CEPAL, el TLCAN o NAFTA, por sus siglas en inglés, aumentó sustancialmente las exportaciones mexicanas hacia los otros dos miembros, pero profundizó el desplazamiento espacial de la industria del centro hacia la frontera, aumentó la disparidad regional y empeoró la desigual distribución de la riqueza.

2. Características del TLCAN

El TLCAN busca promover el libre comercio entre los países firmantes, reduciendo las tarifas arancelarias a cero, en un periodo de 15 años. En la actualidad existe un intenso debate en los tres países sobre los costos y beneficios de este tratado, debate que es más fuerte entre México y los Estados Unidos. En este último, los opositores reclaman el impacto negativo que ha tenido sobre el mercado laboral, argumentando que las importaciones mexicanas, acompañadas por un incremento en el flujo de capitales hacia México, les han costado trabajos en los Estados Unidos, particularmente en las industrias textilera y automotriz. En el otro lado se argumenta que la liberalización en la agricultura ha generado una expansión significativa en las exportaciones de grano desde Estados Unidos, generando una depresión en los precios de ciertos productos agrícolas y la pérdida de empleos rurales en México. Inclusive se le atribuye el aumento de las migraciones ilegales hacia Estados Unidos, agregando, como también dicen los estadounidenses, un factor adverso al mercado laboral de los Estados Unidos.[64] Se estima que las remesas de mexicanos residentes (legales o ilegales) en Estados Unidos se han incrementado considerablemente.[65]

Por el lado de los defensores, el argumento para propiciar una liberalización en el comercio consiste en que la eliminación de aranceles y barreras no arancelarias aumenta los beneficios que pueden recibir los consumidores al acceder a productos de mejor calidad y bajos precios.[66]

En la industria mexicana se ha dado un proceso de obsolescencia en buena parte de las pequeñas empresas que han sido absorbidas o desplazadas por compañías estadounidenses que generan manufacturas con mayor capital y de forma más eficiente. No es extraño entonces que los trabajos en el sector industrial destinados a la producción de bienes de exportación sean mejor pagos que los de la producción de bienes domésticos (40% más altos en promedio).[67]

---

[64] Palacio, Ivarth; Vásquez Olave Martha *et. ál. Los efectos esperados del ALCA y el TLC sobre el sector agropecuario del Valle del Cauca*. Cali: Universidad Autónoma de Occidente, 2008. p. 91.

[65] Carnegie Endowment for International Peace. *La Promesa y la Realidad del TLCAN: lecciones de México para el hemisferio*, 2003, p 22, www.carnegieendowment.org/pdf/files/NAFTA_Spanish_Chapter1.pdf.

[66] Center for International Development at Harvard University. NAFTA Summary, Global Trade Negotiation (GNT), www.cid.harvard.edu, 2005.

[67] *Ibid.*

El comercio de bienes entre Estados Unidos y sus socios del TLCAN aumentó de US $293.000 millones en 1993, a US $865.000 millones en 2006; un incremento del 196%. Así mismo, el comercio de servicios entre ese país y sus socios del TLCAN creció de US $44.000 millones en 1993, a US $99.000 millones en 2006; un incremento del 125%. El intercambio comercial de bienes de Estados Unidos con Canadá y México en 2006, excedió por mucho el comercio del mismo con los 27 miembros de la Unión Europea y Japón.

Además de reducir los aranceles sobre bienes, el TLCAN ordena la eliminación de barreras en casi todos los sectores de servicios y exige transparencia en la elaboración e implementación de reglas. Esto significa que las autoridades reguladoras deben utilizar procedimientos de administración abiertos y transparentes, así como consultar con las partes interesadas y publicar todos los reglamentos para reducir el proteccionismo y el trato discriminatorio. Una mayor transparencia ha mejorado el ambiente de negocios y ha hecho que el Gobierno rinda mejores cuentas a sus ciudadanos.[68]

El autor de estas líneas acaba de publicar un libro, fruto de una investigación realizada en la Universidad Autónoma de Occidente de Cali, donde contó con la colaboración de varios investigadores, y que considera relevante citar textualmente, pues contribuye al análisis en curso. En un estudio realizado por el Carnegie Endowment for International Peace se concluye que:

> [...] el TLCAN no ha generado un crecimiento del empleo en México que ayude a la economía nacional. Mientras los beneficios del libre comercio (aumento en la productividad y la inversión extranjera) generaron 500.000 nuevos puestos de trabajo en el sector manufacturero entre 1994 y 2003 (cifra que está muy por debajo de las expectativas si se tiene en cuenta que México necesitaba crear cerca de 1 millón de puestos de trabajo anual para absorber la creciente oferta), en el sector agropecuario se perdieron 1.3 millones de empleos en el mismo periodo.
>
> Así mismo, pese al aumento de la productividad, esta no se ha traducido en un mejoramiento de los ingresos de los mexicanos, dado que los salarios reales están por debajo del momento en el que el TLCAN entró en vigencia, y mucho menos se ha dado un proceso de convergencia con los

[68] *Ibid.*

salarios estadounidenses. Por el lado de la distribución del ingreso se estima que el 90% de los hogares ha perdido participación en el ingreso nacional.[69]

Siguiendo con el mismo libro,[70] se tiene que:

Según la teoría sobre libre comercio, un país en vía de desarrollo —como México— cuyo factor más abundante es la mano de obra no calificada, debe experimentar un aumento de la remuneración salarial a medida que abre su economía. Sin embargo, los salarios de los trabajadores de la industria manufacturera mexicana, incluyendo maquilas, se encuentran por debajo de los niveles alcanzados antes del TLCAN. Esto podría ser un determinante del aumento de la migración ilegal hacia Estados Unidos, que para el año 2000 ascendía a 4,8 millones de personas, 2,8 millones más que en 1990.

Otra de las características a tener en cuenta en el caso colombiano con respecto al TLC con los Estados Unidos, y que es evidente en el caso mexicano, es que la proliferación de tratados de libre comercio por parte de Estados Unidos hace disminuir las ventajas que cada país individualmente ha adquirido, pues como es lógico, cuando una ventaja se brinda a todo el mundo, finalmente no termina siendo ventaja para nadie.

Desde una visión un tanto más global se puede inferir que los resultados para México han sido importantes en términos económicos y sociales, aunque en el interior subsistan problemas de distribución del ingreso, lo cual sería importante analizar si obedece al tratado o a políticas internas de los gobiernos mexicanos en las cuales el tratado no debe entrar.

Su flujo de comercio (exportaciones más importaciones) pasó de US $88.000 millones en 1993 a US $350.000 en 2002 (un crecimiento de casi el 300% en el periodo), y el comercio exterior representaba el 22% del PIB en 1993 y pasó al 53% en 2003. El comercio con los Estados Unidos casi se triplicó en el periodo y con Canadá se duplicó. Las exportaciones de México a los Estados Unidos superaron a las de Brasil y también a las

---

[69] *La Promesa y la Realidad del TLCAN: lecciones de México para el hemisferio*. Carnegie Endowment for Internacional Peace, 2003. Consultado en www.carnegieendowment.org

[70] Palacio, Ivarth; Vásquez Olave, Martha Cecilia *et. ál*. *Los efectos esperados del ALCA y el TLC sobre el sector agropecuario del Valle del Cauca*. Cali: Universidad Autónoma de Occidente, julio de 2008.

de Japón que son dos de los principales proveedores de bienes y servicios al país del norte y representaron en el año 2003 el 11,5% de las importaciones totales de los Estados Unidos.

Antes del tratado, México era deficitario en su comercio con los Estados Unidos y ahora presenta un superávit de más de US $40.000 millones. Los hidrocarburos representaban el 25% de las exportaciones de México a los Estados Unidos y ahora representan menos de la décima parte. México le exporta 1.000.000 de automóviles convirtiéndose en su sexto proveedor, además de equipos de cómputo, televisores y equipos de sonido, todo ello con tecnología de punta.

Además de haber incrementado el comercio entre los tres países miembros del NAFTA o TLCAN, se ha incrementado considerablemente el comercio entre el grupo y otros bloques como la Unión Europea, Asia, África y sobre todo Latinoamérica. En el caso de México, antes del TLCAN, las exportaciones representaban el 10% de todas las exportaciones a Latinoamérica, hoy dicha proporción está en el 25%.

A partir de la implementación del tratado, la industria mexicana ha mostrado incrementos significativos en su productividad laboral, en el mejoramiento en la calidad de sus productos y en su competitividad.

La inversión extranjera que crecía en unos US $4.000 millones anuales antes del tratado, ahora lo hace a un promedio de US $11.000 millones anuales. En cuanto a los empleos se han creado más de 2,7 millones y se ha fortalecido el sindicalismo, más del 90% de la fuerza laboral está sindicalizada.

Según la CEPAL, en promedio, los salarios de las empresas exportadoras están en un 40% por encima de las no exportadoras.

Según los analistas del tratado existen dos corrientes en cuanto al desarrollo regional, hay un grupo que indica que el tratado se transformó en un medio para equilibrar el desarrollo regional de México mientras que del otro lado expresa que a raíz del mismo se han profundizado las desigualdades por la mala distribución de la riqueza, la cual se ha venido concentrando en los grupos de poder y el marcado incremento en el desequilibrio entre las regiones, hecho que puede convertirse en un factor desestabilizador.

Antes de que se pusiera en marcha el tratado, los trabajadores mexicanos emigraban hacia la frontera norte en busca de empleos. El TLCAN hizo más rentable que los empleos se movieran hacia el interior del país. Con la apertura económica, las fronteras, en particular las llamadas zonas libres, y la ciudad de México dejaron de ser los puntos de ubicación más atractivos. De las 2.500 empresas maquiladoras que se establecieron en México entre 1994 y 1999, más de la mitad se ubicaron fuera de la zona fronteriza del norte y se propagaron en diversas zonas del país.

En cuanto a las empresas pequeñas, estas crecieron en un 75% y se incrementaron las cadenas productivas que entrelazan actividades de empresas grandes, medianas y pequeñas.

3. Comercio México-Estados Unidos

3.1. Comercio bilateral

Los Estados Unidos son el mayor socio comercial de México. Adquirieron 85% de las exportaciones totales de México en 2006, y el 51% de las importaciones totales de México provienen de los Estados Unidos.

México es el tercer socio comercial de Estados Unidos, después de Canadá y China. El comercio bilateral de bienes llegó a US $332.000 millones en 2006, y, si se incluyen los servicios, cada día comercializan más de mil millones de dólares. En términos comparativos, en poco más de *un mes*, el comercio de los dos países es igual a lo que México comercializa en *un año* con el total de los 27 países de la Unión Europea.

En 2006, los Estados Unidos exportaron a México bienes por US $134.200 millones —un aumento del 11,5% respecto al año 2005— e importaron de México bienes por US $198.300 millones —un aumento del 16,6% respecto al año 2005—.

Desde la entrada en vigor del TLCAN en 1995, las exportaciones de Estados Unidos a México aumentaron en un 223% y las de México a Estados Unidos en un 396%.

3.2. Comercio agrícola Estados Unidos-México

El crecimiento del comercio agrícola bajo el TLCAN ha sido notablemente equilibrado. Las exportaciones agrícolas de Estados Unidos a México han incrementado en US $7.600 millones y sus importaciones desde México han aumentado en US $7.400 millones en los últimos 13 años. La eliminación de tarifas para el maíz, los fríjoles secos y otros productos ocurrió el primero de enero de 2008, tras un periodo de ajuste de 14 años.

Según la CEPAL, con una población creciente, una economía en expansión y un sector agrícola cada vez más orientado al mercado, México se convirtió en el segundo socio comercial de los Estados Unidos en productos agrícolas, en 2006. Fue origen del 10% de las importaciones estadounidenses de estos productos, e importó del país del norte 14% de sus insumos agrícolas. Para México, los Estados Unidos siguen siendo el mayor socio en este sector. Más del 80% de las exportaciones agrícolas de México van a ese país. Específicamente, las importaciones estadounidenses de estos productos mexicanos durante 2006 se valuaron en la cifra récord de US $10.200 millones, mientras que las exportaciones estadounidenses a México sumaron US $11.500 millones.

Desde que el TLCAN entró en vigor en 1995, el comercio agrícola bilateral ha aumentado en un 260%, al pasar de US $6.700 millones a US $21.700 millones. Las exportaciones de México a Estados Unidos han crecido casi en un 10% cada año —el doble de lo que lo hacían antes del TLCAN— mientras que las exportaciones de Estados Unidos a México han aumentado alrededor de un 8% anual. Esto refleja los resultados mutuamente benéficos del TLCAN para los sectores agrícolas de ambos países.

Para una mejor comprensión de estos aspectos se recomienda leer el libro de Palacio y Vásquez (pp. 96-106), antes referenciado, donde se hace un análisis de los impactos del TLCAN sobre el sector agropecuario mexicano y se lanzan algunas hipótesis sobre lo que podría pasar con el agro colombiano dentro del marco de un TLC con los Estados Unidos.

3.3. Cooperación técnica

La importancia mutua de las economías agrícolas de México y los Estados Unidos ha conducido a una fuerte relación cooperativa. Durante los últimos dos años, el Gobierno, el sector privado y las instituciones académicas de Estados Unidos han invertido más de US $20 millones en más de 120 proyectos relacionados con la agricultura y la agroindustria en México.

Capítulo VI

Tratado de Libre Comercio de Colombia con los Estados Unidos

1. Introducción

Desde hace varios años, Colombia viene negociando un Tratado de Libre Comercio con los Estados Unidos. Inicialmente este se planteó conjuntamente con Ecuador y Perú pero, por diferentes razones, los dos vecinos se abrieron; Perú logró negociar y firmar por separado y Ecuador definitivamente se marginó del proceso. En un principio se habían previsto máximo cuatro rondas de negociación, pero, y en razón a discrepancias en tres aspectos fundamentales entre los negociadores de Colombia y los Estados Unidos, estas se prorrogaron a catorce hasta que, en marzo de 2007, se logró el finiquito de las mismas y la firma de los presidentes George W. Bush, de los Estados Unidos, y Álvaro Uribe Vélez, de Colombia, junto con el aval del Congreso de Colombia —solo quedó pendiente la ratificación por parte del Congreso de los Estados Unidos, pues la bancada demócrata se opuso argumentando aspectos como: la violación a los derechos humanos y el asesinato y desaparición de sindicalistas—.

Durante la campaña presidencial del demócrata Barack Obama, el TLC con Colombia fue pregunta recurrente en las entrevistas de las cadenas internacionales; en repetidas oportunidades reiteró su posición, y una de las más enfáticas fue en una entrevista que le hicieron un día después de haber ganado las elecciones: sin hacer referencia específica a Colombia, en ella manifestó que su primer objetivo era la reconstrucción de la confianza y la economía de los Estados Unidos y que, por lo tanto, todos los tratados y acuerdos comerciales que todavía no estuvieran en operación los paralizaría.

El 20 de enero de 2009, Obama hizo su juramento como presidente número 44 de los Estados Unidos, y pronunció un discurso con poca o nula referencia a Latinoamérica (tampoco lo hizo con respecto a Europa ni África), pero sí conciliador; reconocía el momento difícil que atravesaba el mundo y en especial los Estados Unidos, y llamó a la nación a unirse para sacar al país de la crisis que, según él, por decisiones mal tomadas o, lo que es peor, no tomadas, estaba afectando al empleo, al ingreso y al Producto Interno Bruto de esa nación.

En una parte del discurso, Obama le recalcó a los americanos que eran la primera potencia mundial y que una vez reconstruida la confianza en el país, estaría dispuesto a apoyar a los países más pobres sin hacer referencias individuales: estas frases, si se relacionaban con el TLC con Colombia, dejan en claro que salvo alguna circunstancia no prevista, el TLC se va a demorar porque no es prioridad para el Gobierno de los Estados Unidos. Aquella aseveración se refuerza por el hecho de que la senadora Hillary Clinton ha sido ratificada por el Congreso de ese país como la nueva secretaria de Estado, y ella, en más de una oportunidad, cuando era precandidata a la presidencia, cuando apoyó al entonces candidato Barack Obama y cuando fue abordada para que expresara su opinión con relación a este tratado, manifestó que hasta que Colombia no demostrara avances significativos en la protección a los derechos humanos y se redujera o eliminara la persecución a los sindicalistas, incluyendo los asesinatos, no sería partidaria de este tratado.

La importancia que los Estados Unidos representan en el comercio mundial para Colombia, como se indicó en el capítulo II, es clave, no solo por ser el socio comercial más importante de este país, sino porque, como se verá más adelante, adquiere en promedio el 40% de las exportaciones totales de Colombia y vende entre un 35 y un 40% de lo que este adquiere en el exterior —eso sin contar que parte significativa de la inversión extranjera y la cooperación en varios frentes también proviene del país del norte—.

En los diferentes foros y congresos se plantea que se deben buscar nuevas alternativas de productos y mercados para bajar la dependencia que actualmente se tiene de un solo país, sobre todo teniendo en cuenta que no se lograra la ratificación del TLC, lo cual pondría a la industria nacional y a los diferentes sectores en franca desventaja frente a países como Chile, México, Perú y varios centroamericanos que sí cuentan con un TLC, bien sea firmado u operando —ventaja que con los niveles de productividad y competitividad que tiene Colombia[71] le quedaría difícil competir—.

La insistencia en la necesidad de agotar todos los recursos para lograr que este tratado sea una realidad se ve desde los aspectos prácticos. Ya se tienen unos canales de comercialización establecidos, se conocen los *brokers* y se sabe a qué puertos enviar y de qué puertos embarcar cuando de importaciones se trate. No es solo sustituir compradores sino organizar toda una infraestructura comercial que va a tomar varios años; con un TLC con un país como los Estados Unidos los inversionistas pueden hacer planes de mediano y largo plazo, que no necesariamente se puede hacer con otros países como Venezuela (nuestro segundo socio comercial) o Ecuador (otro país al cual se exporta y del cual se importa una buena cantidad de bienes y servicios, pero con el que desafortunadamente existen una serie de aspectos políticos bien conocidos por la opinión pública, que en más de una ocasión en los años recientes han generado el cierre de las fronteras, e incertidumbre en los inversionistas, los industriales y el agro en particular).

La figura o imagen que se presenta al inicio del capítulo trata de llevar un mensaje, en el sentido en que lo que se está construyendo con el TLC es una gran vía con carriles hacia los Estados Unidos y otra que viene de allá hacia Colombia. Dependerá de los colombianos y colombianas si solo se toman los carriles de venida (importaciones), o si por el contrario se refuerzan los de ida (exportaciones), y se aprovechan las oportunidades que la economía más grande del mundo brindaría a Colombia, una vez se terminen las preferencias dentro del marco de la Aptdea.

---

[71] Ver el estudio de Competitividad 2008, elaborado por el Gobierno, el sector privado y la academia. Por medio de cifras muestra la verdadera situación del país en los diferentes sectores.

Los caminos de venida deben emplearse para traer aquellos productos con los cuales no se tiene ni ventajas comparativas ni competitivas y, sobre todo, para hacer venir inversión que contribuya a la reconversión industrial y del sector agropecuario, así como la de otros sectores que avancen en la productividad y la competitividad del país. Se trata de que el país mejore su posición en el contexto internacional y aproveche todas las oportunidades para hacer del comercio internacional una verdadera estrategia de crecimiento y desarrollo, como lo han hecho Chile, México y varios países de Asia que se analizarán en el capítulo siguiente.

2. Estados Unidos

Gráfica 6.2.1. Importaciones y exportaciones de los Estados Unidos (datos anuales)

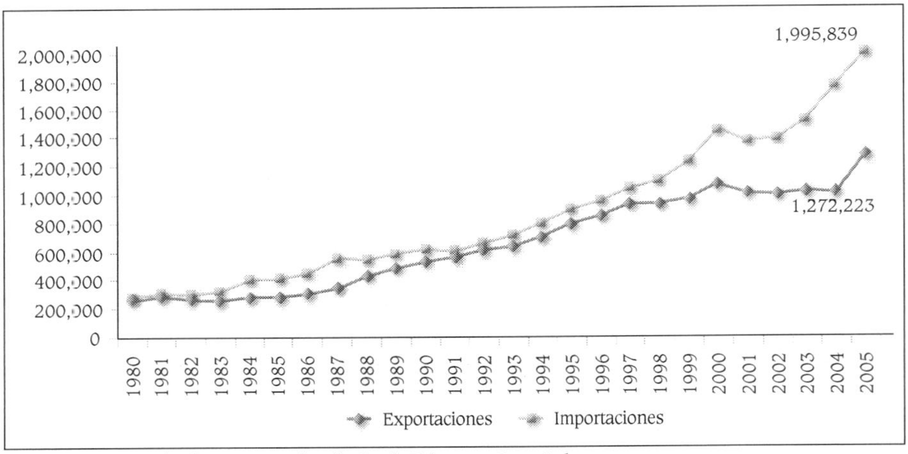

Fuente: St. Louis Federal Reserve Bank, cálculos de Echeverry, Juan Carlos.

Desde la perspectiva de Colombia, los Estados Unidos deben ser analizados con una óptica diferente a la de otros países o bloques. Por un lado es el mayor comprador de los productos colombianos y también, por lejos, el más grande proveedor; la relación comercial data de decenios, por ello los conductos para el comercio existen y son bien conocidos por los empresarios en los diferentes niveles. Por otro lado, desde hace varios años se cuenta con las preferencias arancelarias andinas que van ligadas a todo el tema de las drogas ilícitas.

Cuadro 6.2.1. Algunos indicadores sobre población, producto nacional y comercio exterior de los Estados Unidos, 2005-2007

	2000	2005	2006	2007
Población (millones)	282,2	296,5	299,4	301,6
Producto nacional (billones de dólares)	9.709	12.811	13.386	13.886
PIB/*per cápita*				
Exportaciones (billones de dólares)	1.068	1.409	1.472	1.528
Importaciones (billones de dólares)	1.456	2.050	2.142	2.222

Fuente: elaboración propia con datos de World Development Indicators, Database, septiembre de 2008.

Tal y como se aprecia en el gráfico 6.2.1, es un país cuyo comercio internacional es tremendamente dinámico, pero lo que interesa resaltar aquí es que históricamente sus importaciones superan a las exportaciones, esto es, es un país que en toda la serie de 1980 a 2005 fue deficitario en su balanza comercial. Entonces, en el momento en que entre en ejecución un TLC, dependerá de Colombia que se utilice más para importar que para exportar o viceversa; este es un problema interno de cómo se prepara el país en los diferentes niveles para afrontar con posibilidades de éxito la empresa comercial más grande de su historia, con todos los pro y contras que ello conlleva.

Según datos obtenidos del Trade Map, el déficit comercial de los Estados Unidos alcanzó los US $882.000 millones en 2006, y los US $854.000 millones en 2007; en ambos casos estas cifras fueron cinco veces el PIB total de Colombia.

3. Exportaciones e importaciones de Colombia y los Estados Unidos

3.1. Exportaciones

Tal y como se aprecia en la gráfica 6.3.1, las exportaciones de Colombia hacia los Estados Unidos en todos los años han estado por encima del total de las exportaciones colombianas a Latinoamérica y, cuando ello se compara con la gráfica 6.3.2, donde se presentan los países de Latinoamérica que más le compran a Colombia, la diferencia se hace más notoria en el sentido en que el país que más le compra, Venezuela, es cuadruplicado por los Estados Unidos (US $9.500 millones contra US $2.200 millones en el año 2006). Otros países que potencialmente deberían ser compradores importantes de Colombia, México y Brasil, representan entre ambos el 13% de las exportaciones que se hacen a los Estados Unidos, lo cual confirma lo indicado en los párrafos anteriores: desde el punto de vista práctico no es tan fácil sustituir un mercado por otro.

Gráfica 6.3.1. Exportaciones colombianas hacia América Latina y los Estados Unidos, 2000-2006 (millones de dólares corrientes)

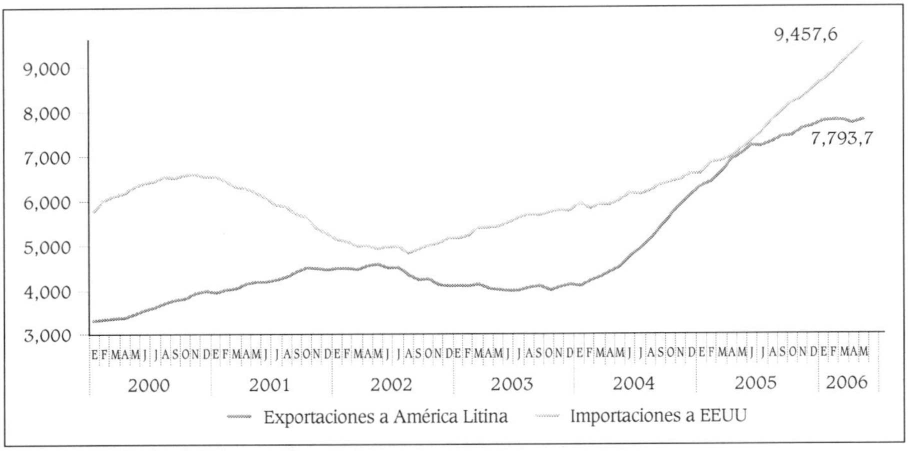

Fuente: DNP, cálculos de Echeverry, Juan Carlos.

Gráfica 6.3.2. Exportaciones colombianas hacia varios países latinoamericanos, 2000-2006 (millones de dólares corrientes)

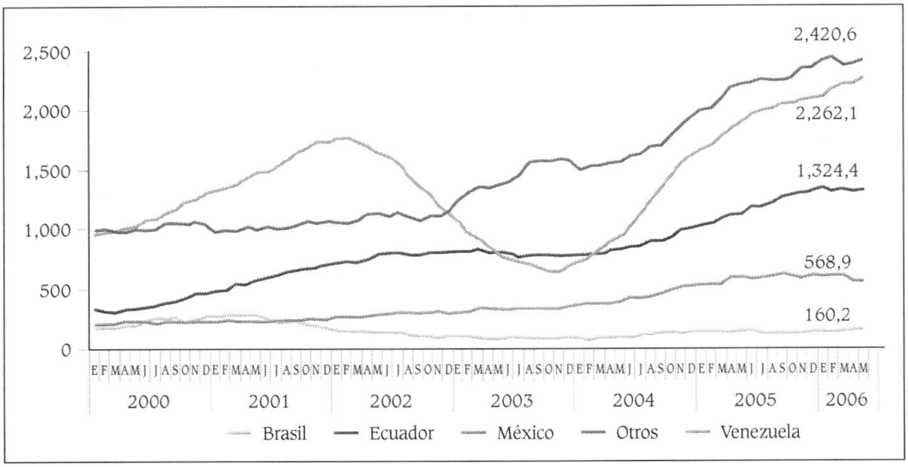

Fuente: DNP, cálculos de Echeverry, Juan Carlos.

3.2. Importaciones

Tal y como se aprecia en las gráficas 6.3.3 y 6.3.4, el comportamiento de las importaciones de Colombia de los Estados Unidos, comparándolas con los países latinoamericanos, es similar al de las exportaciones, esto es, las compras que Colombia realiza a los Estados Unidos son, por lejos, superiores a las de cualquier país latinoamericano. Incluso estuvieron por encima del total hasta mediados del año 2003, momento en el que se aprecia que el total de las compras a los países latinoamericanos supera las realizadas al país del norte.

Gráfica 6.3.3. Importaciones colombianas desde Latinoamérica y los Estados Unidos, 2000-2006 (millones de dólares)

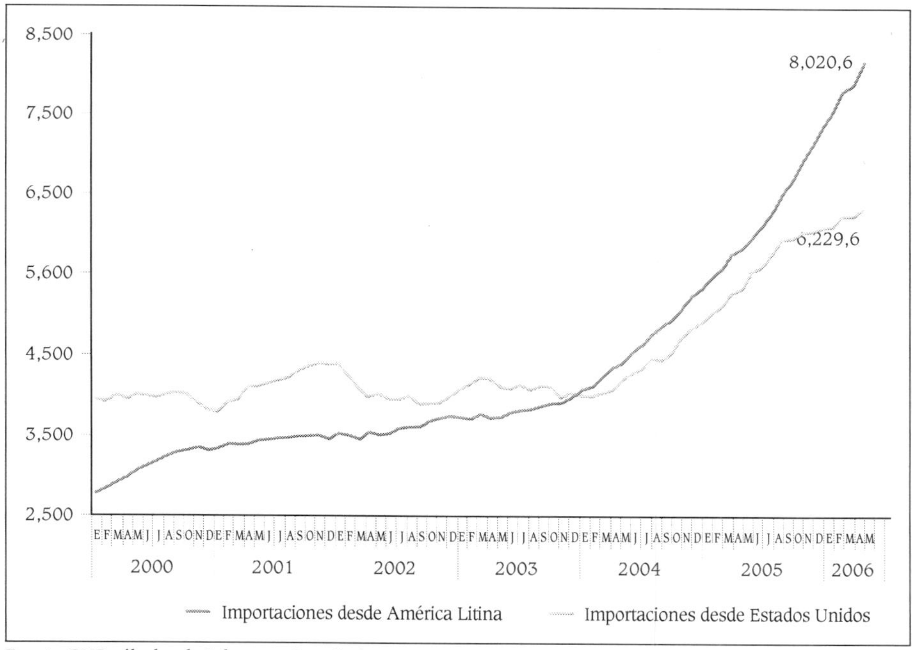

Fuente: DNP, cálculos de Echeverry, Juan Carlos.

Gráfica 6.3.4. Importaciones colombianas desde varios países latinoamericanos, 2000-2006 (millones de dólares corrientes)

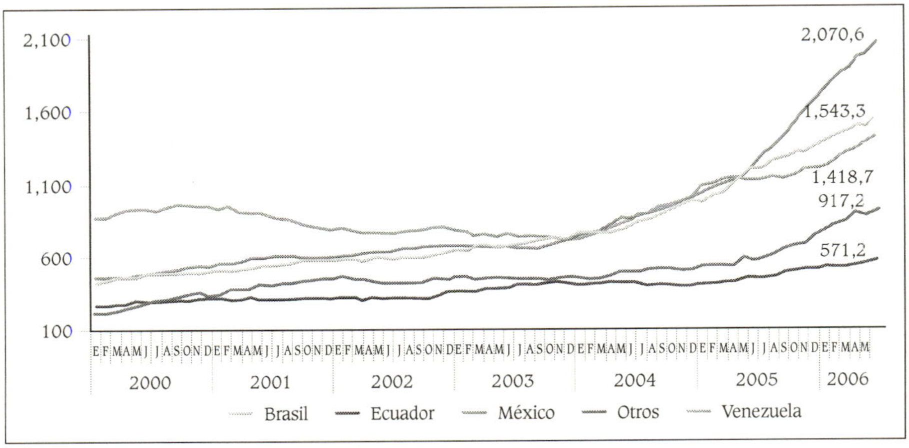

Fuente: DNP, cálculos de Echeverry, Juan Carlos.

4. Subsidios

Es interesante dar un vistazo al tema de los subsidios que los Estados Unidos otorgan a su sector agrícola, para ver a qué se va a enfrentar Colombia dentro del marco de un TLC. Las cifras que se presentan en la gráfica 6.4.1, tomadas literalmente de un estudio del Ministerio de Agricultura y Desarrollo Rural, "El Agro de cara al TLC", deben llamar a la reflexión. En el 2002, año al que corresponden las cifras, las exportaciones totales de Colombia ascendieron a un poco menos de US $21.000 millones, estas exportaciones incluían petróleo, carbón, café, banano, flores, etc., es decir, todo lo que Colombia exportó ese año. Como se ve, aquellas son equivalentes a los subsidios que el gobierno de los Estados Unidos otorgó a dos rubros ese año (leche y maíz), que entre ambos totalizaron US $20.700 millones. Realmente, lo que aquí se quiere resaltar son los órdenes de magnitud más que las cifras mismas.

Aunque esta situación constituye una amenaza para el sector agropecuario colombiano, debe mirarse como una oportunidad para atraer inversión y tecnología que permitan mejorar el hato ganadero y los diferentes cultivos, con el fin de lograr mayores productividades, bien sea por hectárea, por hato o por unidad agrícola, y con ello optimizar los índices de competitividad que presenta el sector según el estudio sobre competitividad relacionado anteriormente.

Gráfica 6.4.1. Subsidios promedios anuales en los Estados Unidos a varios productos del agro (millones de dólares corrientes)

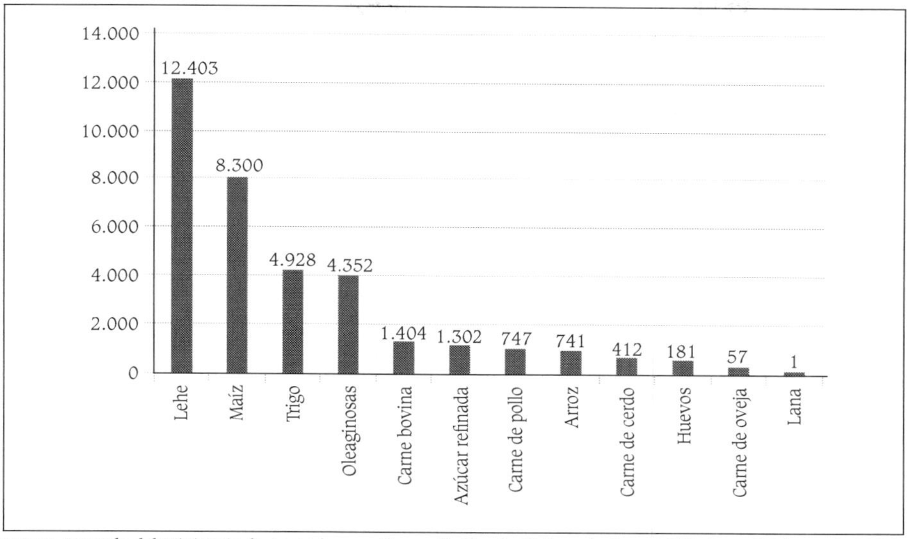

Fuente: Tomado del Ministerio de Agricultura y Desarrollo Rural. El Agro de Cara al TLC, Bogotá Febrero de 2004 basado en datos de la OECD, 2002.

En el cuadro 6.4.1, elaborado también por el Ministerio de Agricultura y Desarrollo Rural, con información de la OECD y USDA,[72] se presentan los costos de producción por tonelada, el subsidio que los Estados Unidos otorga a cada producto y el precio internacional. En todos los casos el subsidio está por encima del 30% del precio internacional, y el caso de la remolacha azucarera representa el 125% del precio internacional que, si bien no es un producto que se cultiva en Colombia en hectáreas significativas, sí va a competir con el azúcar extraído de la caña, producto con el que Colombia tiene los más altos rendimientos por hectárea (124 TM/Ha/Año) y los mayores en fábrica, expresados en kilogramos de azúcar por tonelada de caña procesada. En las negociaciones del TLC con Estados Unidos uno de los puntos que tomó más tiempo fue definir la cuota que Colombia solicitaba para este producto, se logró pasar de 25.000 toneladas de azúcar al año a 75.000, un incremento de 50.000 toneladas que representa menos del 2% de los 2.600.000 toneladas que se producen anualmente, y el 3,1% de las exportaciones totales de azúcar.

[72] Agencia para el Desarrollo de los Estados Unidos.

En el cuadro 6.4.2, el MADR hace una comparación entre los costos de producción por tonelada de algunos productos de Estados Unidos y de Colombia. De los cinco productos analizados que son *commodities* (arroz, soya, maíz, algodón fibra y tabaco rubio), solo en el caso del maíz los Estados Unidos presenta costos de producción por tonelada más bajos que en Colombia (US $96/TM contra US$114 /TM en Colombia), lo cual se explica por dos razones: la primera, es un cultivo altamente tecnificado en los Estados Unidos, en Colombia es tecnificado solo en algunas zonas como el Valle del Cauca (la parte plana), Tolima, Huila, Córdoba y una parte del Meta, en el resto del país se trata de maíz tradicional con rendimientos bajos por hectárea. El otro aspecto se relaciona con las economías de escala: en los Estados Unidos se producen 260 millones de toneladas (860 kilogramos *per cápita*), mientras que en Colombia se producen 1.2 millones de toneladas (2,7 kilogramos por persona), una diferencia abismal.

En los otros cultivos de la muestra los costos de producción por tonelada, como se indicó arriba, son superiores en los Estados Unidos, las diferencias son tales que, por ejemplo, el tabaco rubio está por encima en un 77%, y el algodón fibra en un 91%. Lo que demuestra esto es que en una sana competencia como la predicaban David Ricardo y Adam Smith, Colombia podría dedicar más áreas en estos rubros y exportarlos a los Estados Unidos; pero, con unas políticas como las planteadas en el Farm Bill, es imposible que se pueda competir con precios, aunque sí en costos. Las preguntas aquí son, ¿dónde quedó Doha?, ¿para qué sirven esas grandes reuniones donde los presidentes y jefes de Estado firman una serie de compromisos que obligan a cumplir a los países pequeños mientras los grandes continúan con sus políticas discriminatorias? El Banco Mundial, los profesores de la Universidad de Tennessee, la CEPAL, The International Food Policy Research Institute (IFPRI) y Stiglitz en sus estudios citados anteriormente, aseguran que lo que están haciendo los países ricos y particularmente, los Estados Unidos y Canadá en América, la Unión Europea con su PAC y Japón, es llevar, y en muchos casos condenar a la pobreza y pobreza extrema, a millones de campesinos de África, Asia y Latinoamérica.

Cuadro 6.4.1. Relación entre costos de producción y precios internacionales en los Estados Unidos (dólares corrientes), (Promedio 2000-2002)

Producto	Costo de producción US$/T	ESP US$/T	Precio Internacional al productor US$/T	Perdida / precio (I)	ESP/Precio
Remolacha Azucarera (2)	250	174	139	80%	125%
Arroz Paddy	187	99	100	87%	99%
Leche Líquida	369	148	161	128%	92%
Algodón (3)	1,733	576	842	106%	68%
Trigo	195	74	113	73%	66%
Sorgo	214	53	83	159%	64%
Cebada	183	60	106	72%	57%
Maíz	99	28	82	21%	34%
Soya	231	50	175	32%	29%

Fuentes: tomado del Ministerio de Agricultura y Desarrollo Rural. "El Agro de Cara al TLC", Bogotá febrero de 2004 basado en datos de: OECD, USDA y cálculos del equipo consultor MADR. (1) Pérdida = costo menos precio internacional al productor. (2) En equivalente de azúcar blanco (factor de conversión = 6.25 toneladas de remolacha para producir una tonelada de azúcar blanco). El ESP es para caña y remolacha en equivalente azúcar blanco. (3) El ESP del algodón es una estimación del equipo consultor.

Cuadro 6.4.2. Costos de producción Colombia y Estados Unidos (dólares por tonelada)

Producto	Estados Unidos 2002	Colombia Promedio 2003(1)	Colombia-Zona de menores costos 2003 (2)
Arroz	186	171	158
Soya	238	277	190
Maíz	96	142	114
Algodón Fibra	1.766	1.168	926
Tabaco Rubio	3.825	1.377	1.377

Fuentes: tomado del Ministerio de Agricultura y Desarrollo Rural. "El Agro de Cara al TLC", Bogotá febrero de 2004 basado en datos de USDA y cálculos del equipo consultor MADR. Los costos en Colombia se convierten a dólares con la tasa de cambio promedio de 2003. (1) Promedio simple de las zonas analizadas. (2) Corresponde a las siguientes zonas: arroz riego, Meta; soya, Altillanura (sabana mejorada); maíz, Córdoba; algodón, Tolima-Huila (tecnología de punta); tabaco rubio, Santander.

5. Comparación de algunos productos del agro

En el Anexo B se presentan diez cuadros con información relacionada con producción de Colombia, Ecuador, Perú y los Estados Unidos, así como la balanza comercial de Colombia (exportaciones menos importaciones) para una serie de productos como maíz, sorgo, leche, carne de pollo y carne de cerdo, con datos tomados del Ministerio de Agricultura y Desarrollo Rural de Colombia y del Observatorio de Agro-cadenas para un periodo de seis años. Se tomaron los tres países suramericanos por cuanto el TLC con los Estados Unidos, en principio, se iba a negociar en bloque y porque en todas las situaciones en las que se iban a comparar producciones existían problemas de escala.

Este análisis es importante, toda vez que permite observar órdenes de magnitud en las producciones agrarias de los Estados Unidos contra las de estos tres países, y específicamente el que más interesa, que es Colombia.

Capítulo VII

Asia, una oportunidad para Colombia

1. Introducción

Asia es un continente milenario de múltiples culturas, idiomas, dialectos, etnias, religiones y sistemas políticos, y una diversidad de paisajes que por donde quiera que se lo mire reviste una gran expectativa, o por lo menos así debe resultar para los occidentales.

En el contexto del comercio y las relaciones internacionales, países como Colombia deben mirar a ese coloso con mucho cuidado, convertir una serie de amenazas en oportunidades para realizar negocios a gran escala, y posicionarse en un mercado que cuenta con casi la mitad de la población mundial y en el que se encuentran una serie de países con características diferentes.

Para los efectos de este libro y en cuanto a lo que interesa a Colombia, se van a profundizar algunos aspectos de China, Corea, Hong Kong, India, Japón, Singapur y Taiwán.

Cuadro 7.1.1. PIB y población de algunos países asiáticos, 2007

País	PIB*	***	Población**	% del mundo	PPC****
China	3.200.000	5,9	1.330	20,3	2.406
India	1.000.000	1,8	1.132	17,3	883
Japón	4.290.000	7,9	128	2	33.600
Singapur	228.100	0,4	4,6	0,07	32.470
Hong Kong	206.700	0,3	6,9		31.610
Corea del Sur	1.206.000	2,2	48,8	0,7	24.600

Continúa

País	PIB*	***	Población**	% del mundo	PPC****
Taiwán	383.303	0,7	23	0,3	
Colombia	171.000	0,3	43,5	0,7	3.931

Fuente: cuadro 2.1.1 de este libro. Cifras obtenidas del World Bank.

* Millones de dólares de 2007

**Millones de habitantes

***Con relación al PIB mundial

****PIB *per cápita*

Cuadro 7.1.2. Exportaciones e importaciones de algunos países de Asia y Colombia, 2007

País	Millones de dólares	Balanza comercial millones de dólares	Crecimiento anual 2003 a 2007 en %	Participación en concierto mundial (como exportador o importador) %	Posición en el mundo (*Ranking*)
China - X*	1.217.776	261.820	29	8,85	2
-M	955.956		22	6,83	4
India - X	145.898	(72.747)	24	1,06	25
-M	218.645		30	1,56	18
Japón –X	714.327	92.083	10	5,19	4
-M	622.243		13	4,45	5
Taiwán –X	246.793	26.715	14	1,79	17
-M	220.078		14	1,57	17
Hong Kong - X	349.386	(20.747)	11	2,54	13
-M	370.133		12	2,64	13
Singapur-X	231.000	19.000	17	2,18	14
-M	202.000		18	1,88	16
República de Corea -X	371.477	14.636	17	2,7	11
-M	356.841		19	2,55	14
Colombia –X	29.991	(2.906)	23	0,22	57
-M	32.897		24	0,24	52

Fuente: elaboración propia con cifras del Trade Map. Trade Statistics for International Business Development; Market Analysis and Research International Trade Centre (ITC); Palais des Nations y CH-1211 Geneva 10.

* X son exportaciones y M importaciones.

2. China

Este es un país que en los últimos 20 o 25 años ha tenido un PIB creciente, a tasas promedio anual del 9%, y que en 2007 ya se posicionaba en los países que en forma individual, excluyendo a los Estados Unidos, más contribución estaba haciendo al PIB mundial, con un aporte equivalente al 5,9%, y que con sus 1.330 millones de habitantes ocupaba el primer lugar en los países más poblados del planeta con el 20,3%.

Sus US $1.218 billones en exportaciones que representaban el 38% de su PIB y el 8,85% de las exportaciones totales del planeta, lo convirtieron en el segundo exportador mundial, y con casi un billón de dólares pasó a ser el cuarto como importador (ver cuadros 7.1.1 y 7.1.2). Por donde quiera que se le mire estas son cifras significativas para un país que hizo una profunda revolución en la época de Mao Tse-Tung, y que a partir del gobierno de Richard Nixon de los Estados Unidos y su visita oficial, empezó a aparecer en todas las cadenas de televisión del mundo así como en los periódicos, por la imagen del presidente de los Estados Unidos destapando una Coca-Cola en China —esos eventos, que pudieron pasar desapercibidos por muchos, hoy le muestran al mundo una China abierta e incidiendo con precios y cantidad en los mercados internacionales—. Participar con casi el 9% de las exportaciones mundiales y el 7% de las importaciones, debe servirle en este caso a Colombia como elemento de partida, en aras de replantear las políticas de comercio exterior, y más aun ahora en estos tiempos en que las relaciones comerciales con tres de los principales socios están un tanto complicadas, a saber: con Estados Unidos, con quien es necesario que las aguas se calmen para ver si el Gobierno del presidente Obama cambia de actitud y promueve la aprobación definitiva del TLC, o por lo menos no elimina el APTDEA por tratarse Colombia de un país productor de hoja de coca —y mientras se hagan esfuerzos por combatirla, un grupo importante de productos del país andino puede ingresar sin mayores dificultades a los Estados Unidos (6.300 posiciones arancelarias estarían cubiertas de un universo de 10.500)—.

Los otros dos socios comerciales con los que se ha tenido problemas son Venezuela y Ecuador, sin embargo, y en razón a la reunión sostenida en la ciudad de Santa Marta, el 10 de agosto de 2010, entre los presidentes Juan Manuel Santos, de Colombia, y Hugo Chávez Frías, de Venezuela, las relaciones se normalizaron y entre los acuerdos estuvo nombrar cinco comisiones para que se encargaran de analizar los principales temas de las relaciones entre los dos países —relacionados con aspectos políticos, comerciales, culturales, de fronteras y seguridad—.

3. Corea del Sur

Este país, con una población ligeramente superior a la de Colombia (48 contra 44 millones de habitantes) genera un PIB 7 veces más grande, y está en la categoría de países de ingreso alto pues su PIB en 2007 alcanzó los US $1.2 billones, con una tasa de crecimiento anual promedio del 11%, entre 2003 y 2007. Si esta se hubiera mantenido para 2008 y 2009, Corea del Sur se hubiera podido ubicar en aproximadamente los US $1.5 billones al final de 2009, con un ingreso *per cápita* de US $30.000, que por lejos lo pone en el grupo de países con ingresos altos. Tanto las exportaciones como las importaciones duplican al PIB colombiano (ver cuadros 7.1.1 y 7.1.2).

Hay un libro muy interesante del Banco Mundial (2008) acerca del desarrollo de Corea; que tal y como se indica en el *abstract* del mismo, ofrece una visión sobre cómo fue su proceso de desarrollo (y que le puede ser útil a los países en vías de desarrollo). Resulta particular la forma como Corea ha utilizado las tecnologías externas mediante la acumulación de experiencias, procedimiento válido en la era de la economía del conocimiento. El libro analiza este modelo y la marcha que ha venido teniendo en la dirección de una economía del conocimiento, partiendo de una situación de pobreza antes de alcanzar una producción industrial a *full* escala en los años sesenta. También enfatiza en los logros de Corea para cerrar la brecha entre su conocimiento y las instituciones dentro de un marco globalizado.[73]

4. Hong Kong

Con sus casi 7 millones de habitantes, el 16% de la población de Colombia, Hong Kong tiene un PIB que supera a la nación sudamericana en US $10.000 millones. Este país es conocido en el ámbito mundial por ser una economía abierta, y uno de los principales centros financieros del mundo. La libertad de movimiento de capitales, el sistema legal, el transporte y la utilización del idioma inglés en los negocios han sido, a juicio de los analistas, las claves de su éxito.

5. India

Este es el segundo país más poblado del planeta, con 1.132 millones de habitantes (en 2007) y con un PIB de US $1 trillón. En ese año registró un déficit

---

[73] World Bank. *Korea as a Knowledge Economy*. Evolutionary Process and Leasson Learned. New York, 2008.

comercial de US $73.000 millones resultado de US $146.000 millones de exportaciones contra US $219.000 millones de importaciones. Ocupa el puesto 25 entre los exportadores y el 18 como importador. Es un país que ha venido haciendo transformaciones profundas en su aparato productivo, que le han permitido posicionarse en varios productos como potencia, e incluso desarrollar una industria de energía nuclear importante. Es uno de los países que más invierte en investigación e innovación. Si bien su PIB *per cápita* aparece bajo (US $883/*per cápita*), hay grupos de población con PIB superiores a los de Colombia.

La agricultura ha sido la base de la economía India, sus principales productos son arroz, mijo, sorgo, maíz, té, café, oleaginosas, caña de azúcar, tabaco y árboles frutales.

La ganadería también ocupa un lugar preponderante en la economía de dicho país, cuenta con 175 millones de cabezas de bovino (los búfalos alcanzan los 55 millones de cabezas, los ovinos 43 millones y los caprinos 70 millones), cifra que lo convierte en uno de los más grandes del mundo. Sin embargo, y paradójicamente por cuestiones religiosas, se les está prohibido consumir los bovinos hembras, por cuanto las vacas son animales sagrados para los hinduistas.

Sus recursos mineros se basan en la extracción de hierro, carbón, manganeso, mica y bauxita. La principal industria es la textil y le siguen la siderúrgica, la mecánica (material ferroviario, aéreo y para bicicletas), la electrónica, la química, la industria papelera y las refinerías de petróleo, así como las industrias de cuero, cemento, alimentarias y de elaboración del tabaco.

Este país, al igual que China en los últimos dos o tres decenios, ha venido invirtiendo millones de dólares en la preparación de su recurso humano al más alto nivel, y ha conformado un importante grupo de centros de investigación que le han permitido saltos importantes en su otrora tradicional comercio exterior. Ahora hace presencia en los mercados internacionales con productos de alta tecnología, que entre otras le ha permitido al país conformar una gran clase media que está generando una serie de dinámicas de comportamiento que sitúan a la India como un país que en el corto plazo, bien sea como oferente o demandante, va a incidir en los precios internacionales de varios *commodities*.

6. Japón

Este país genera el 8% del PIB mundial, US $4.3 trillones, y contribuye con el 2% de la población. Situado al este del continente asiático, ha logrado desarrollar una industria de alta tecnología y ubicarse como el cuarto exportador mundial y el quinto como importador. Al compararlo con Colombia, aquel la triplica en población, pero su PIB es 25 veces superior. Las exportaciones del Japón representan el 17% de su PIB y las importaciones el 14,5%. El crecimiento anual de sus exportaciones en el periodo entre 2003 y 2007 fue del 10%, y participa con el 5,2% de las exportaciones mundiales y con el 4,5% de las importaciones. Cuenta con una Bolsa (la de Tokio), referente en todo el mundo, y hace parte de la OECD que congrega las economías más grandes del planeta. La capacidad de compra de los habitantes de este país es grande si se mide por su ingreso *per cápita* que, en 2007, fue de US $33.600, 8,5 del de Colombia.

7. Singapur

El autor de este libro ha venido siguiendo con detenimiento el caso de Singapur, porque mezcla lo político con lo económico, lo social, lo cultural, y permite, una vez analizado, hacer una serie de reflexiones acerca de cuáles podrían ser aquellos aspectos que países como Colombia podrían considerar, con miras a mejorar las condiciones de vida de los ciudadanos. Si bien existen diferencias profundas, también es cierto que mirarse en el espejo de otros puede ser un aliciente para pensar que los problemas son superables, y que si otros lo lograron, Colombia también lo puede hacer. Hace cuatro decenios, Singapur tenía un ingreso *per cápita* por debajo de los US $400 (similar al de Nicaragua en la actualidad, el segundo país más pobre de América) y hoy, dicho ingreso *per cápita* está por encima de los US $ 35.000, más de 18 veces el de Colombia hoy en día.

Ahora bien, seguramente habrán muchos que van a decir que ambas situaciones no son comparables, lo cual es cierto, pero el punto que se quiere aportar es la reflexión acerca de que las cosas se pueden lograr, siempre y cuando existan las voluntades y se tomen las decisiones como país o como región, acerca de lo que se desea. En la *Revista de Economía y Administración de la Facultad de Ciencias Económicas y Administrativas*, de la Universidad Autónoma de Occidente, el autor publicó un artículo llamado: "Singapur, una ilusión hecha realidad",[74] por considerar de interés la información de dicho texto, se toman textualmente algunos párrafos:

---

[74] Palacio, Ivarth. "Singapur una ilusión hecha realidad", en *Revista de Economía y Administración*, Facultad de Ciencias Económicas y Administrativas; Universidad Autónoma de Occidente, Vol. 4, No. 2, Cali, julio-diciembre de 2008, pp. 233-250.

Singapur se levanta en la isla que anteriormente se llamaba Tumasek, fue bautizada "Singapura" (ciudad del León) en el siglo XIV, por el príncipe Parameswara.

En 1819 Thomas Stamford Raffles tomó el control de la ciudad para hacer frente a la dominación comercial holandesa en la región. En 1826, Singapur, Malaca y Penang constituyen las colonias de los estrechos.

Durante la Segunda Guerra Mundial, y a partir del 15 de febrero de 1942, la isla cae bajo el dominio del Imperio Japonés, que la ataca desde tierra aprovechando que las defensas de la ciudad estaban orientadas hacia el mar.

Tras la guerra, Lee Kuan Yew es elegido primer ministro. Su partido, el People's Action Party propone entonces la integración a la federación de Malasia, que consigue en septiembre de 1963. Poco después, en 1964, las diferencias se manifiestan y el 9 de agosto de 1965 se proclama la independencia de la República de Singapur.

Rápidamente, después de haber conseguido su independencia, se inicia una verdadera revolución cultural e institucional en el país. Bajo el mando de Lee Kuan Yew, Singapur progresa basándose en una política de acercamiento comercial con Japón y los Estados Unidos. Las medidas arancelarias y el fuerte control del Estado ejercido por el mandatario convierten al país en el más atractivo para la inversión extranjera en el sudeste asiático durante el decenio de 1970.

Por otra parte, el régimen aplica medidas que regulan drásticamente el comportamiento de la población y que incluso llegan a darle un carácter poco democrático. En la época en que el movimiento *hippie* se expandía por el mundo, el gobierno de la ciudad prohibió la entrada al territorio a los hombres que llevaban el cabello largo, también impuso la prohibición del consumo de la goma de mascar, argumentando que contribuía al deterioro de las calles y andenes. Esta medida sigue vigente en la actualidad y solo es permitida la goma de mascar que tiene uso medicinal.

La política económica ha hecho de Singapur uno de los países con mejor calidad de vida; es uno de los más competitivos del mundo, por encima de Estados Unidos, y disfruta de uno de los sistemas políticos menos corruptos.

Desde su independencia se ha empeñado en implementar una vasta política urbanística que además de dotar a la capital de una de las más imponentes conglomeraciones de edificios ultramodernos, ha levantado numerosos conjuntos residenciales que garantizan un nivel de vida alto para la población.

Singapur es uno de los pocos países del mundo donde no existe la pobreza y donde el cubrimiento de las garantías sociales es virtualmente garantizado.

A partir del decenio de 1990 se ha presentado un fenómeno inmigratorio masivo, que proviene principalmente de la India. La creciente demanda de mano de obra, especialmente en el sector de la construcción, no puede ser cubierta por la población local. Sin embargo, los "inmigrantes" rara vez consiguen el derecho de residencia y la mayoría de los trabajadores de la construcción no tienen un lugar de vivienda dentro de la ciudad, sino que son albergados en embarcaciones que les sirven de hotel, lo que a la vez ayuda a controlar los desplazamientos de los trabajadores.

Lee Kuan Yew gobernó Singapur durante tres décadas, luego fue sucedido durante una década por diferentes políticos, pero a partir de 2004 es su hijo quien dirige los destinos, lo que hace cuestionar a muchos extranjeros el sistema democrático de dicho país.

Por muchos años Singapur ha trabajado con un Sistema de Empresas Públicas que llama la atención a propios y extraños, es un sistema altamente eficiente en el que la ética de los funcionarios es la constante, y fue algo en lo que Lee Kuan Yew puso mucha atención porque de ello dependía en gran parte el éxito o el fracaso de su régimen de gobierno. Estas empresas tienen sus orígenes en las primeras batallas de la ciudad, causadas por la supervivencia económica y política. Singapur es una ciudad en una isla de 685 kilómetros cuadrados, ubicada en la punta de la península de Malasia, cuya cifra de habitantes en 2003 fue de 4.2 millones: 3.4 millones de ciudadanos y residentes permanentes, primordialmente chinos (77 %), malasios (14 %) e indios (8 %) originarios, así como también 750.000 trabajadores extranjeros.

Para 2007 la población total era de 4.4 millones de habitantes, similar a la del departamento del Valle del Cauca, pero con un volumen de operaciones inmensamente superior: su PIB alcanzó en 2007 los US$ 161.3 billones. En el comercio mundial, entre 2003 y 2007, sus exportaciones ascendieron a US $231.3 billones, con un crecimiento promedio del 17% anual y una participación del 2,18% en las exportaciones mundiales. Así ocupó el puesto 14 en el mundo como país exportador, y el 16 como importador; su balanza comercial en 2007 fue positiva en US $19.000 millones, y el ingreso *per cápita* superó los US $32.000 millones.

Singapur ha logrado desarrollar un sistema financiero que, a juicio de los analistas, es el más eficiente del mundo. Eficaces son también sus puertos marítimos y aéreos, cuenta con la línea aérea más moderna del mundo y un servicio en tierra y aire que es ejemplo para las múltiples aerolíneas del planeta.

Es importante resaltar que Singapur era una pequeña villa pesquera en 1813, cuando los británicos establecieron una colonia en reconocimiento a su ubicación estratégica y excelente bahía. La inauguración del Canal de Suez en 1869 aumentó el intercambio marítimo entre Europa y Asia, y Singapur estaba idealmente situada para servir como puerto de intercambio y trasbordo.

Singapur peleó por su independencia y las consecuencias inmediatas fueron traumáticas. El movimiento de independencia fue guiado por People's Action Party (PAP), que originalmente incluía comunistas y una más moderada ala con poco en común, además de sus deseos de ser libres de las reglas británicas. La independencia se logra en 1963, en una federación con las 13 provincias de Malasia, pero, paradójicamente, dicha "independencia" casi provoca una guerra civil que posiblemente hubiera causado grandes desastres, pues existían intereses como el caso de Indonesia que desde hacía años quería anexar esa parte de la península a su territorio. La federación duró solo dos años por las diferencias en prioridades acerca del desarrollo y las tensiones entre las etnias de Malasia y China, que rápidamente causaron un conflicto entre los 13 Estados de Malasia y Singapur. Cuando este último dejó la federación para convertirse en una nación, en 1965, Malasia amenazó con quitarle a Singapur el suministro de agua, y así las tensiones entre los dos países perduraron por muchos años. Poco después, en 1968, los británicos anunciaron que cerrarían su base naval en Singapur, otro duro golpe para la nueva nación, dado que la base generaba el 10% de los trabajos.

Estos juicios tan tempranos convencieron al mando del PAP, que tomaría el control de ahí en adelante, para forjar a una nación comprometida con el capitalismo pero con un gobierno de mano fuerte que los guiaba. La victoria del PAP significaba moderadamente que el capitalismo desempeñaría un papel importante en Singapur, pero con susceptibilidad debía aliviar las condiciones sociales que hacían ver tan atractivo el comunismo a muchos de sus ciudadanos, así como las tensiones con Indonesia y Malasia, y la subrayada vulnerabilidad de Singapur por ser una isla pequeña con cero recursos naturales y pocos aliados con los que contar. Por otra parte, el sector privado indígena de Singapur consistía en gran medida en comerciantes minoristas que carecían de la capacidad o la maestría para desarrollar industria moderna. Si la nación iba a sobrevivir, el gobierno tenía que tomar la iniciativa para identificar los intereses del país y desarrollar estrategias para promoverlas.

8. Taiwán

Es una isla ubicada al este de China, con un área de 36.200 kilómetros cuadrados, el 3,2% del área de Colombia, y una población de casi la mitad (23 millones de habitantes). En 2007 su PIB fue de US $383.000 millones, el doble del colombiano. El 71% del PIB lo aportan los servicios, el 24% la manufactura, y el sector agropecuario solo contribuye con el 1%. Según el Fondo Monetario Internacional, en 2007 Taiwán era la economía número 24 del mundo entre 179 economías clasificadas para ello. Según la Organización Mundial de Comercio, ese año ocupó la posición 16 dentro de las naciones con mayor nivel de exportaciones, la 17 en importación, y la 5 dentro de los países con mayor reserva de divisas del mundo.[75]

Hace 3 decenios su producción se orientaba a bicicletas, sombrillas y juguetería, pero con el paso del tiempo este tipo de mercancías se desarrolló mejor en China, cuya mano de obra era más barata. Esto hizo que las empresas taiwanesas se trasladaran hacia China y el país entró en una crisis; sin embargo, después de explorar las potencialidades, el Gobierno se orientó hacia la producción de alta tecnología y definió una serie de estrategias que partían de la preparación al más alto nivel de su recurso humano, inculcando el emprendimiento y el empresarismo como una impronta de los taiwaneses.

El Gobierno, el sector privado y la academia le apuntaron a una serie de expresiones y se aferraron a ellas; una era creer que las cosas se podían lograr, pero no se trataba solo de querer hacer las cosas sino de *poder*, esto lo inculcaron

---

[75] Oficina de Información del Gobierno de Taiwán. Esbozo de la República de China. Agosto 2008, p. 37.

desde la universidad, en el sentido en que el estudiante se impusiera como proyecto de vida llegar a tener su propia empresa y fijarse para ello plazos máximo de quince años, una vez graduados.

El Gobierno montó un instituto de alta tecnología y le inyectó todo el presupuesto que fuera necesario, hoy cuenta con varios parques tecnológicos y por lo menos 120 incubadoras de empresas distribuidas en lugares estratégicos.

Los parques tecnológicos están integrados verticalmente y tienen varias características, a saber: a) la división del trabajo opera en los diferentes niveles; b) hacen alianzas a escala; c) el éxito surge como resultado del entorno; d) el propósito de todos los parques es mejorar la calidad de vida; e) el parque es un eslabón en la cadena industrial de alta tecnología; f) han avanzado mucho en el trabajo conjunto entre la industria, la universidad y los centros de investigación, y g) cuentan con un mirador u ojo avizor, el Gobierno, que, cuando tiene que entrar a apoyar lo hace con fuerza, y asigna los presupuestos que sean necesarios para sacar una idea importante adelante o una industria o sector, siempre apuntándole a la innovación.

Esta isla ha logrado desarrollar una industria de alta tecnología y ocupar el primer lugar en la producción de *chips* para las grandes empresas. La política de Ciencia, Tecnología e Innovación es uno de los ejes centrales de su economía y ha venido invirtiendo millones de dólares anualmente en la preparación al más alto nivel de su capital humano, al punto que una de sus universidades ocupa el lugar #102 entre las primeras 500 del mundo (Colombia no ha logrado ubicar ninguna). Ha desarrollado también una serie de centros tecnológicos, uno de ellos cuenta con 5.000 científicos, en lo que se conoce como disciplinas duras.

El desarrollo de su industria se ha basado en las Pymes y sobre todo en lo que se denomina como de *spin off*, para lo cual tienen una serie de parques distribuidos a lo largo y ancho de la isla. El emprendimiento lo inculcan desde la universidad, y cuando un profesional joven ingresa a una empresa, el interés de los directivos es que se prepare y adquiera experiencia, para que al cabo de unos años se retire a montar su propia empresa, algo que para los colombianos es difícil de entender.

La parte más importante de los ingresos de alta tecnología fue generada por las compañías ubicadas en los parques científico-industriales de Hsinchu, del sur de Taiwán y el centro. Los ingresos combinados de los tres parques llegaron a los US $61.000 millones en 2007.

El sector que tuvo la más alta actuación durante el año fue el de la optoelectrónica, con un crecimiento del 28,1% que incluye a los fabricantes de pantallas para monitores planos, así como celdas de energía solar y otros equipos relacionados. En segundo lugar se ubicó el segmento de biotecnología, con un crecimiento del 23% frente al año anterior.[76]

Para 2007 Taiwán encabezó la producción de paneles de monitores de cristal líquido de gran tamaño, con un 46% en la participación de embarques mundiales de este tipo de productos. Actualmente participa con el 67% de la manufactura por contrato de *chips* de circuitos integrados (IC); el 44% del mercado de empaques de IC y el 63% del mercado de pruebas de IC.

Al preguntarle al representante comercial de la Oficina de Taipei sobre cuáles son las características que han permitido que un país agrario y casi silvestre haya logrado en 30 años alcanzar unos niveles de productividad, eficiencia y competitividad en un área tan complicada como la de la alta tecnología, respondió en forma muy simple pero descriptiva, a saber:

a. Creer en lo que hacen y hacerlo bien.
b. Creer que se puede.
c. Ofrecer un buen canal de servicios.
d. Administrar bien lo que se tiene y se crea.
e. Preparar el recurso humano al más alto nivel.
f. Construir comunidades de alta tecnología.
g. Velar por el ambiente y la recreación.
h. Llevar un cuidadoso estilo de vida.
i. Humanizar la tecnología.

Todo lo anterior los llevó a construir las condiciones ideales para lo que ellos denominan como una “Isla de Ciencia y Tecnología”.

[76] *Ibid.*, p. 38.

Capítulo VIII
Resumen y conclusiones

1. Introducción

Después de haber hecho un recorrido por varios temas relacionados con el comercio internacional, incluyendo el Producto Interno Bruto de varios bloques y países, así como el tamaño de sus poblaciones y el repaso por una serie de tratados y acuerdos comerciales —algunos en los que está incluida Colombia, otros no como el de la Unión Europea—, se considera importante compartir una serie de reflexiones sobre el comercio internacional y plantear algunas recomendaciones. Consejos que pueden ser de utilidad en un mundo que cada día es más complejo, y al cual se le suma la crisis que se está sintiendo en la gran mayoría de los países y de la que Colombia no es ajena, pero que con decisión, buenas políticas y unos sectores privados y académicos que entiendan la responsabilidad social que tienen ante la crisis, será más fácil y viable afrontar.

2. Análisis de la evolución de las exportaciones colombianas

Las cifras que se presentan en el cuadro 8.1.1 fueron tomadas de los cuadros de los capítulos anteriores, y se traen de vuelta para poder visualizar cómo ha sido la situación de las exportaciones colombianas y cuáles los países y bloques de destino, para así formular algunas recomendaciones que se consideran de interés.

Cuadro 8.1.1. Destino de las exportaciones colombianas como porcentaje del total

Destino	1994	2000	2007	2008*
Total exportaciones**	100	100	100	
Grupos Comerciales				
ALADI	17,5	22,5	29,5	28,3
CAN	13,3	16,6	7,2	6,4
Mercosur	1,5	2,7	1,9	2,2
G-3	7,7	11,7	19	17,2
Unión Europea***	30	13,8	14,5	12,5
Países				
Estados Unidos	35	49,5	34,6	37,9
Venezuela	6,4	9,9	17,4	15,7
Alemania	10,2	3,3	1,8	1,6
Ecuador	3,8	3,5	4,3	3,9
Bélgica	3,8	1,7	1,3	1,2
Perú	2,8	2,8	2,7	2,3
Japón	4,3	1,7	1,3	0,9
México	1,3	1,7	1,6	1,6
Resto de países	32,4	25,6	35	35

Fuente: elaboración propia con datos tomados de la DIAN/DANE; series históricas del comercio exterior: "Colombia Destino de las Exportaciones"; y el trabajo de grado de Elsa Patricia Hoyos.

*Cifras enero-noviembre.

** La suma de los parciales no es igual al total de las exportaciones, por cuanto en algunos casos hay países que se presentan individualmente pero además hacen parte de un bloque, como el caso de Venezuela con la ALADI y el G-3.

***Las cifras de la Unión Europea corresponden a los 25 países que hacían parte hasta el año 2005.

Cuando se analizan cifras de comercio exterior es importante mirarlas en las unidades monetarias que se estén manejando y cómo han oscilando en el tiempo, también es importante observar su comportamiento porcentual como se hace en el cuadro 8.1.1, donde se presentan en cuatro momentos en el tiempo las exportaciones colombianas, para tratar de sacar algunas conclusiones.

Estados Unidos, aunque llegó a representar la mitad de las exportaciones colombianas en 2000, ha venido perdiendo importancia relativa al contar con el 34,6% en 2007, y el 37,9% durante los once primeros meses de 2008. Sin embargo, este "pero" hay que resaltarlo, en razón a que se está a la espera del TLC; que el gobierno del presidente Barack Obama lo ratifique con el apoyo de su bancada demócrata, algo que al momento de escribir este libro (septiembre de 2010) se ve un tanto difícil por dos razones fundamentales: la primera porque desde el 4 de noviembre de 2008, día en que fue electo, el entonces senador indicó que centraría todos sus esfuerzos en la reconstrucción y reactivación económica de su país en razón a la crisis en que se encontraba, palabras que enfatizó el día de su posesión, y la segunda porque desde su campaña presidencial y cuando fue cuestionado sobre el TLC con Colombia, reiteró que mientras él no viera adelantos significativos en el tema de los derechos humanos y, particularmente, en cuanto a la persecución y asesinato de sindicalistas, no apoyaría dicho tratado —opinión compartida por la entonces candidata a la nominación presidencial por el partido demócrata, Hillary Clinton, hoy Secretaria de Estado—. Aquí, desde la academia y sin ningún juicio de valor, lo que se quiere indicar es que el país, y no solamente el Gobierno, debe cerrar filas para que dicho tratado sea ratificado y cuanto antes ejecutado.

Los contradictores de ese TLC parece que no han logrado entender varias cosas que fueron planteadas en el capítulo VI de este libro, como por ejemplo: los Estados Unidos, por lejos, es la primera economía del mundo, pues participa con cerca del 26% del PIB mundial (cifras de 2008); es, además, un comprador por naturaleza, las series muestran que por décadas ha mantenido una balanza comercial deficitaria en cuanto a su comercio total, y lo mismo pasa con Colombia: es más lo que le vendemos que lo que le compramos, y lo más importante, por encima de las cifras, Colombia ha logrado por decenios organizar unos canales de distribución al interior de ese país, que perderlos implicaría un esfuerzo igual para montarlos en otro. Para explicar esto se puede tomar un caso, el de las flores para el San Valentín: este día (14 de febrero de 2009) los periódicos colombianos dijeron que se estaban despachando 17 aviones fletados diarios hacia los puertos de los Estados Unidos (Miami, Fort Lauder day, New York, Houston y Los Ángeles), esa mercancía era recibida por los *brokers* quienes ya tenían listos los canales de distribución para que las flores llegaran en tiempo y forma a los puestos de las floristerías, a lo largo y ancho de dicho país. Aquí salta una pregunta para los enemigos del tratado, ¿qué hacer con esos millones de cajas si no hubiera tratado y se terminaran las preferencias arancelarias andinas dentro del marco de la APTDEA —que son temporales—, mientras que otros países como Costa Rica, sí cuentan con un TLC con Estados Unidos y si por alguna circunstancia (que no se visualiza en el corto plazo) Ecuador, o mejor dicho, su Gobierno cambia su posición frente al país del norte y reactiva su TLC? Es importante mirar el largo plazo para desde ya prevenir algunas catástrofes económicas.

Venezuela, un país hermano con quien desafortunadamente en los últimos años se han tenido diferencias en aspectos de índole político y que muchas veces han desembocado en el cierre de las fronteras, como ocurrió en 2008, debe ser una preocupación constante del Gobierno colombiano porque de lejos, y como país individual, es el segundo socio comercial de Colombia con participaciones que han venido creciendo de un 6,4%, como comprador de las exportaciones colombianas en 2004, a un 9,9% en 2006 y a un 17,4% en 2007, y una sola baja en 2008 —que se explica por el problema que se presentó en la frontera con Ecuador y que por solidaridad el presidente Chávez ordenó el cierre de las fronteras con Colombia—. Aquí también aplica, y de pronto con mayor fuerza, lo indicado en el párrafo anterior, en el sentido en que no son solamente las cifras absolutas ni los porcentajes los que son significativos, sino que históricamente se han construido unos lazos comerciales amén de otros que no son fácilmente sustituibles. Afortunadamente el Gobierno colombiano ha entendido esta situación, y ha nombrado como embajadora a quien fuera la presidenta ejecutiva de la Cámara de Comercio Colombo-Venezolana, esto muestra que es del interés mantener y afianzar las relaciones comerciales entre los dos países por lo que significa en el comercio exterior de ambas naciones.

Ecuador, que es el otro vecino con el que se han venido teniendo problemas desde 2008 —cuando se dio de baja al comandante guerrillero Raúl Reyes y ambos países estuvieron *ad portas* de un conflicto de magnitudes impredecibles—, pasó de comprarle a Colombia el 4,3% de las exportaciones en 2007, al 3,9% en 2008, efecto del cierre de las embajadas y el endurecimiento de la posición por parte del Gobierno del vecino país. Aunque hubo un descenso similar en la participación cuando pasó de 3,8% en 1994 a 3,5% en 2000.

Las cifras de la ALADI hay que mirarlas con cuidado porque, tal y como se ha indicado, aquella está conformada por los 10 países suramericanos, más Cuba y México, por tanto incluye los datos de exportaciones a Venezuela y Ecuador, que entre los dos suman 19,6% de las exportaciones totales de Colombia en 2008, frente al 28,3% del total de la ALADI. Esto es, el bloque de los 10 (sin tener en cuenta a Ecuador ni a Venezuela) solo alcanza al 8,7%, cifra poco significativa, tratándose de países que están relativamente cerca y que se esperaría tuvieran un comercio intrarregional más fluido.

El caso de la Unión Europea debe analizarse con mayor detenimiento pues son varios los artículos que hablan de que Colombia debería mirar mucho más hacia ese bloque, el mayor importador del mundo, pero que en cuanto respecta a Colombia, su participación en las exportaciones del país sudamericano se ha reducido significativamente al pasar del 30% en 1994, al 12,5% en 2008. Si se habla de mirar con fuerza dicho bloque, es mucho el trabajo que deben hacer Proexport, las embajadas y los consulados, así como los gremios de la producción y los productores para lograr en el mediano plazo unos volúmenes y valores mayores en las exportaciones hacia esos países, entre otras por sus relativos altos ingresos *per cápita*. Deben mirarse con lupa también aspectos como los que contempla la Convención de Lomé, en la que se establece por parte de la Unión Europea una serie de preferencias a 79 países de África, Asia y el Caribe, muchos de ellos exportando los mismos productos de la oferta colombiana.

El tema de la CAN sin Venezuela y los problemas que se tienen con el Ecuador son preocupantes, pues de un 13,3% de participación en las exportaciones totales en 1994, se ha bajado al 6,4% en 2008, y el Mercosur que tanto pregonan algunos, solo compra a Colombia el 2,2% de las exportaciones.

Pero hay un escenario importante con ese 35% del grupo denominado otros países, en el que se encuentran las naciones de Asia, con excepción de Japón, pues ya se tiene en la muestra. Aquí están, por ejemplo, China e India, que registran crecimientos importantes en su PIB nacional y *per cápita*, y que están en programas fuertes de reconversión industrial que los obliga a incrementar sus demandas de muchos *commodities* incluyendo alimentos, materias primas, minerales, etc., que ameritan redoblar los esfuerzos para lograr posicionar al país en dichos mercados —pues tal y como se mostró anteriormente, entre los dos van a llegar en los próximos años a contar con tres billones de personas—.

Colombia debe reforzar sus oficinas en el exterior (Proexport y agregaciones comerciales en sus embajadas), así como promover cámaras de comercio bilaterales y multilaterales en varios países en que se considere se pueden abrir nuevas perspectivas de negocios. Uno de ellos es el caso de Taiwán, donde Chile y Brasil ya han tomado la delantera, pues es un país que requiere materias primas y una serie de productos que la industria colombiana podría proveer.

Es importante que cuando se hable de diversificar mercados y productos se haga teniendo presente no desarmar lo que ya se ha construido por decenios. Aquellos mercados que en la actualidad se consideran cautivos hay que protegerlos y mantenerlos, porque la competencia internacional todos los días es más fuerte y absorbente. En el contexto internacional nada se debe dejar al libre albedrío y mucho menos dar las cosas por hechas, otros proveedores pueden llegar con mejores precios, calidad o servicio postventa, y el comprador internacional utilizando el razonamiento lógico de cualquier consumidor, puede cambiar fácilmente de proveedor.

Los ejemplos de varios de los países que fueron presentados en los capítulos anteriores como Corea, Japón, Taiwán, Singapur, China e India, para no hablar de los Estados Unidos, Canadá y la Unión Europea, indican que es necesario moverse en dirección de dar el mayor valor agregado posible a los exportables y, sobre todo, trabajar duro en ciencia y tecnología, hacer lo que podría llamarse una "revolución en el tema de las patentes", es importante que el país pueda ganar espacios así en el contexto internacional. De igual forma, se debe revisar bien lo que han venido haciendo Chile y Brasil en Sur América y México en Norte América, para tratar de cambiar el marco exportador Colombiano. No es justo que en 2008 los 25 productos que ocupan los primeros lugares en las exportaciones fueran los mismos de 1965, cuando el sector agropecuario participaba con casi el 25% del PIB nacional.

Se habla mucho de que Colombia es uno de los países que cuenta con una riqueza real en bio-regiones ubicadas en la Amazonía, la Orinoquía, toda la región pacífica desde el Chocó hasta Nariño, el Putumayo, la Sierra Nevada de Santa Marta y la Sierra de la Macarena, pero, paradójicamente, poca investigación se está realizando. Múltiples estudios tendientes a utilizar dicha biodiversidad en beneficio de la humanidad se deberían estar haciendo, y no como parece que ocurre ahora, esperando a que dentro de los tratados y acuerdos internacionales que se están suscribiendo o los que ya se tienen, lleguen las grandes trasnacionales, las estudien, exploten, patenten y Colombia se quede solo con el nombre.

En este libro se presentaron una serie de datos de comercio y de productos internos brutos de muchos países, pero lo fundamental es la reflexión crítica y constructiva acerca del país que se tiene. Cuando se estaba escribiendo este libro salió publicado en uno de los diarios más importantes de circulación nacional, un artículo en el que se indicaba que en Colombia se expedían 300 patentes al año, mientras que en Brasil 7.000 y en México 5.000, estas solas cifras deben llamar a la reflexión profunda acerca de qué es lo que está pasando y no echarle la culpa de todo únicamente a la violencia. Es cierto, ella ha afectado considerablemente al país, pero sobre ella los colombianos y las colombianas debemos sobreponernos, y luchar porque se trace una política de largo plazo en ciencia, tecnología e innovación, y apuntarle a una serie de ejes estratégicos que nos saquen del ostracismo en el que estamos.

Dentro de la exploración de alternativas para las exportaciones colombianas, preocupa ver cómo el país prácticamente ha abandonado la costa oeste de Centro América, las de México y los Estados Unidos. Con relación a este último, y tal como fue indicado en los capítulos anteriores, Estados Unidos es el principal socio comercial de Colombia, aunque la gran mayoría del comercio se haga con la Florida (particularmente Miami), Texas y la Costa Este, donde muchas de las exportaciones, vía marítima o aérea, se destinan a la ciudad de New York. Estados importantes como California, cuya economía, sin contar el resto del país, es la octava del mundo, y parte importante de su población es latina, está descuidada totalmente, así como sus vecinos Arizona, Colorado, Nevada, Nuevo México, Texas y Washington, donde los exportables podrían tener buen mercado.

Aunque se reconoce el esfuerzo de Proexport por promover los productos del país, ese esfuerzo debe redoblarse e incluso facilitar a los gremios y los empresarios privados que diversifiquen sus portafolios de productos, servicios y regiones, para que el sector exportador se convierta en un verdadero motor del crecimiento y desarrollo del país.

Colombia, que ha liderado procesos o por lo menos ha sido agente activo en foros, congresos y acuerdos internacionales, debe fijarse una política de negociación orientada a la búsqueda común, para que las grandes potencias de la Unión Europea, Japón y los Estados Unidos bajen, y en lo posible eliminen los subsidios y apoyos internos a sectores fundamentales como el agropecuario. Es importante también que dentro del marco de la Organización Mundial de Comercio (OMC) se propenda porque los principios planteados en la Declaración de Doha se conviertan más temprano que tarde en realidades, y con ello se contribuya a incrementar el ingreso de millones de familias rurales de países en desarrollo de África, Asia, América Latina y el Caribe, y se logre también cumplir, o por lo menos acercarse a las metas del milenio.

3. Recomendaciones

- Poner los ojos en la costa oeste de los Estados Unidos, California es la octava economía del mundo, con una alta población latina.
- Impulsar el comercio con México y Canadá, y fijarse metas en el tiempo para eliminar déficit comercial.
- No despreciar el comercio con Centro América, su PIB es superior al colombiano y tiene una población de 41 millones si se incluye Panamá.
- Revisar las estrategias con la CAN y Mercosur.
- Es necesario manejar con pinzas a Venezuela y Ecuador, diplomacia de alto nivel.
- Trabajar la biotecnología.
- Apoyar procesos que contribuyan a la generación de valor en el campo y en los distintos sectores de la economía (investigación, innovación, transferencia tecnológica, asistencia técnica).
- Revisar políticas de inversión extranjera para que no solo compren empresas de éxito, sino que monten nuevas y generen empleos para el país.
- Propender porque el Gobierno apoye la inversión social en el campo y se logren recuperar zonas otrora productivas.
- Mejorar la calidad de vida de los productores rurales pues se trata del 27% de la población colombiana.
- Aprovechar los TIC's y otros tratados y acuerdos comerciales para captar tecnología y recursos de capital que mejoren la competitividad de la empresa e industria colombiana.
- Analizar a fondo las recomendaciones del informe de competitividad y ponerlas en práctica.
- Si el TLC con Estados Unidos no va y se acaba el APTDEA, el país debe mirar a la Unión Europea y a Asia, y enfocar sus baterías hacia esos dos frentes sin descuidar los terrenos logrados en otros mercados.
- Las relaciones comerciales con Latinoamérica hay que vitalizarlas pues las cifras son elocuentes acerca del descuido en que se tienen.
- Se debe trabajar mucho en prospectiva a nivel de Gobierno, sector privado y academia (otros lo han hecho como Asia).

- Se requiere una transformación total en la educación de Colombia, con miras a incrementar la productividad de la mano de obra en los diferentes sectores.

4. Conclusiones

- El país debe organizarse para aprovechar:

  - Posición geográfica.
  - Puertos en dos de los principales océanos del planeta.
  - Recursos naturales.
  - Biodiversidad.
  - Capital humano.
  - Política de revolución educativa.
  - Inversión extranjera pero dirigida hacia los grandes intereses nacionales.
  - Seguridad democrática en el campo y en las ciudades.
  - La prosperidad democrática.

- Con lo anterior se puede llegar a:

  - Recuperar la seguridad alimentaria.
  - Aprovechar oportunidades del TLC con Estados Unidos y los otros tratados y acuerdos internacionales de comercio como CAN, Mercosur, Centro América, G-2, Chile, Canadá, Unión Europea, etc.
  - Abrir nuevos destinos hacia Europa (países).
  - Incrementar y diversificar el comercio con Asia.
  - Aprovechar el Puerto de Buenaventura.
  - Aprovechar los puertos de la Costa Atlántica.
  - Trabajar todo lo relacionado con la biodiversidad.
  - Hacer esfuerzos a todos los niveles para mejorar productividad y competitividad.

Bibliografía

ALADI. Secretaría General, *Indicadores Socio Económicos, 1990-2007*.

Balassa, Bela. "Trade Creation and Trade Diversion in the European Common Market", en *The Economic Journal*, Vol. 77, No. 305, marzo de 1967, pp 1-21.

Balassa, Bela. *The Theory of Economic Integration*, Homewood, Illinois: Richard D. Irwin, Inc., 1961, p.1.

Carnegie Endowment for International Peace. *La Promesa y la Realidad del TLCAN: lecciones de México para el hemisferio*, 2003.

Center for International Development at Harvard University. *NAFTA Summary, Global Trade Negotiation (GNT)*, 2006.

CEPAL, Varios informes. 2005, 2006 y 2007.

Chaparro, Fernando. *Apropiación Social del Conocimiento, Aprendizaje y Capital Social*, Medellín, Universidad de Antioquia, Simposio Internacional sobre Ciencia y Sociedad, 2006.

Comunidad Andina, Secretaría General. Oficina de Estadística. Sistema Integrado de Comercio exterior. Decisión 511.

Consejo Nacional de Competitividad. *Informe Nacional de Competitividad: Ruta a la Prosperidad Colectiva*, Bogotá: noviembre de 2008.

Consejo Privado de Competitividad. Informe Nacional de Competitividad 2009-2010. Ruta a la prosperidad colectiva, 2009.

DANE – DIAN. Bases de datos varias publicaciones y varios años.

Echeverry, Juan Carlos. Conferencia presentada en la Universidad Autónoma de Occidente, Cali, (octubre) 2006.

Ferguson, C.E. *Microeconomic Theory*, Illinois: Richard D. Irwin, Inc., 1972.

Freedman, Milton. *The Methodology of Posituve Economics*. Chicago University Press, 1953 and 1966.

Giddens, Anthony. *Europa en la Era Global*, Cambridge: Polity Press, 2007.

Hass, Ernst B. *The Uniting of Europe: Political, Social and Economic Forces, 1950-57*, Stanford, C.A.: Stanford University Press, 1968.

Hoyos Forero, Elsa Patricia. *Análisis de las exportaciones colombianas, periodo 1960-2007*. Monografía para adaptar al título de Administradora de Negocios Internacionales, facultad de Administración, Universidad del Rosario, Bogotá, febrero de 2009.

Kreinin, Mordechai E. *International Economics: A Policy Approach*, New York: Harcourt Brace Jovanovich, Inc., 1975, p. 217.

Krugman, Paul. "Economías de Escala, diferenciación del producto y el patrón de comercio" (1980); citado por Maya Muñoz, Guillermo, *El Tiempo*, 20 de octubre de 2008.

Lindberg, León N. *The Political Dynamic of European Economic Integration*, Stanford, C.A.: Stanford University Press, 1963.

McCormick, John. *Understanding The European Union. A Concise Introduction*, New York: Palgrave, 2002.

Ministerio de Agricultura y Desarrollo Rural (MADR). *El Agro de cara al TLC*, Bogotá, febrero de 2004.

Ministerio de Agricultura y Desarrollo Rural (MADR). *Observatorio Agrocadenas*. 2004

Ministerio de Comercio, Industria y Turismo. www.mincomercio.gov.co

Ministerio de Comercio, Industria y Turismo. Oficina de Estudios Económicos con base en datos del DANE-DIAN.

Ministerio de Comercio, Industria y Turismo. "Relaciones Comerciales Colombia-Mercosur".

Murphy Sophia y Suppana Steve. *Institute for Agricultural and Trade Policy*. Minneapolis, Minnesota, 2008.

Nugent, Neill. *The Government and politics of the European Union*, Durjam, NC: Duke University Press., 2006.

Oficina de información del Gobierno de Taiwán. Esbozo de la República de China, agosto de 2008.

Organización Mundial de Comercio (OMC). Several Issues.

Palacio Salazar, Ivarth; Vásquez Olave, Martha y otros. *Los Efectos Esperados del ALCA y el TLC sobre el sector agropecuario del Valle del Cauca*, Cali: Universidad Autónoma de Occidente, julio de 2008.

Palacio Salazar, Ivarth. "Singapur una ilusión hecha realidad", en *Revista de Economía y Administración; Facultad de Ciencias Económicas y Administrativas*, Facultad de Ciencias Económicas y Administrativas; Universidad Autónoma de Occidente, Vol. 4,No. 2, Cali, julio-diciembre de 2009, pp-233-250.

Pinder, John. *The European Union, A very Short Introduction*. New York: Oxford University Press, 2001.

Proexport Colombia. Varias publicaciones.

Ray, Daryll; De la Torre Ugarte, Daniel & Kelly Tiller. *Rethinking US Agricultural Policy*. Tennessee: University of Tennessee, 2006.

Stiglitz, Joseph E. *Cómo hacer que funcione la globalización*, Bogotá: Editorial Nomos S.A., 2006.

Stiglitz, Joseph E. y Charlton, Andrew. *Comercio Justo para Todos*, Bogotá: Nomos Impresores, 2007.

Stiglitz, Joseph E. *El malestar en la globalización*, Madrid: Talleres Gráficos de Palgraphic, S.A., 2007.

Viner, Jacob. *The Customs Union Issue*. New York: Carnegie Endowement for International Peace, 1950.

United Nations. *The Millennium Development Goals Report*. publicado por the United Nations Department of Economics and Social Affairs (DESA)-New York, 2008.

Wolf, Martin. "The Dangers of Living in a Zero-Sum World Economy", en *The Financial Times*, diciembre 19 de 2007.

World Bank. "Forecast for 2030 from Maddison, 2001", en *World Development Indicators*, 2007.

World Bank. "A Portrait of the Global Economy", en *World Development Indicators*, 2008.

World Bank. "Korea as a Knowledge Economy", en *Evolutionary Process and Leasson Learned*. New York, 2008.

World Bank. *World View, World Economic Indicators*, 2008.

World Bank. *Perspectivas económicas mundiales*, 2007.

Páginas en internet

http://es.wikipedia.org/Plan_Puebla_Panamá
www.americaeconomica.com
www.carnegieendowment.org
www.cid.harvard.edu, 2005.
www.comunidadandinadenaciones.org
www.indexmundi.com, CIA World Factbook
www.Mercosur.int
www.mincomercio.gov.co. Acuerdos y Tratados Internacionales
www.wto.org/spanish/thewto_s/whatis_s/tif_s/fact1_s.htm

Anexo A
Determinates del crecimiento en 13 países analizados[77]

1. Introducción

En un artículo publicado en *The Financial Times*, Martin Wolf hace un análisis acerca de las condiciones que se dieron en 13 países para avanzar después de la Segunda Guerra Mundial en su crecimiento económico y desarrollo social; aunque son países con características diferentes, Wolf trató de identificar algunas que se repitieran, ejercicio importante para analizar lo que le ha ocurrido a Colombia, y qué de aquello se podría utilizar para construir un mejor camino para las futuras generaciones de colombianos y colombianas. Aquí se respeta la autoría de Wolf, y lo que se hace es sintetizar algunos aspectos del artículo y en otros apartes ampliarlos para el caso colombiano.

Los países incluidos por Wolf en su análisis son Botsuana, Brasil, China, China Hong Kong, Indonesia, Japón, República de Corea, Malasia, Malta, Omán, Singapur, Taiwán y Tailandia.

2. Liderazgo, buen gobierno y confianza en el país

El crecimiento es algo que trasciende a lo económico, requiere compromiso, credibilidad y gobiernos capaces. Las economías de altos crecimientos construyeron su prosperidad sobre las bases de estructuras políticas fuertes.

Los políticos de esos países entendieron que el crecimiento no llega porque sí, es necesario construirlo sobre bases sólidas que requieren liderazgos fuertes, y un pleno conocimiento de las políticas en los diferentes niveles de los gobiernos.

---

[77] Wolf, Martin. "The Dangers of Living in a Zero-Sum World Economy", en *The Financial Times*, diciembre 19 de 2007.

Según el primer ministro de Singapur, los gobernantes deben anteponerse a los momentos y no esperar que los eventos lleguen para ver cómo los solucionan.

Colombia ha venido ganando terreno en este aspecto, por cuanto sus políticas de desarrollo trascienden a los tradicionales planes de desarrollo que se elaboraban desde Planeación Nacional y se aprueban en el primer año de gobierno por el Congreso. Antes estos (los gobernantes) se ocupaban prácticamente los últimos seis meses de su último año en preparar los documentos de salida, en un Gobierno que contaba solo con dos y medio años efectivos para ejecutar su Plan. Hoy se tienen planes como Visión 2019 para conmemorar los 200 años de independencia, y uno un tanto más ambicioso concertado entre el Gobierno, el sector privado y la academia, que tiene proyecciones hasta 2032: el *Informe Nacional de competitividad: Ruta a la prosperidad colectiva*, de noviembre de 2008.[78]

3. Estabilidad macroeconómica y dejar que los mercados asignen los recursos

Según Barret Bosworth del Instituto Brookings, citado por Wolf, el crecimiento sostenido en los trece países que se analizaron no se hubiera presentado antes de los cincuenta, sino a partir de ese decenio en el que la economía mundial inició un proceso de apertura. Si la economía global se explota adecuadamente, ella representa la mayor fuerza para combatir la pobreza (ver las obras de Stiglitz).[79]

Los países de mayor crecimiento se benefician en dos vías: a) importan ideas, tecnología y *know how* del resto del mundo, y b) explotan la demanda global, más elástica para sus bienes, lo cual de paso rompe los monopolios locales. La llegada de nuevo conocimiento incrementa drásticamente la productividad de los factores y por ende incrementa los niveles de producción (*ceteris paribus conditions*), absorbidos por la demanda mundial. En otras palabras, ellos importan lo que el resto del mundo sabe hacer, y exportan lo que el resto del mundo desea tener.

---

[78] Consejo Nacional de Competitividad. *Informe Nacional de Competitividad. Ruta a la Prosperidad Colectiva*. Bogotá: noviembre de 2008.

[79] *Op. cit.*

4. Altos niveles de ahorro e inversión

La estabilidad macroeconómica tuvo una visión de futuro que consistió en reducir el consumo actual para generar un mayor ingreso en adelante. A mediados de los setenta, los países del sur este asiático tenían similares tasas de ahorro que el promedio latinoamericano, 20 años más tarde la tasa de ahorro en los países de Asia era 20 puntos porcentuales más alta que en Latinoamérica, China ha ahorrado la tercera parte de su ingreso nacional cada año por los últimos 25 años. Estos ahorros estuvieron acompañados de altas tasas de inversión en infraestructura, formación de capital humano, salud, recreación, en fin, en la construcción de un mejor país (los juegos olímpicos de Beijing, por ejemplo, deben analizarse más allá de unas justas deportivas).

5. Claridad de largo plazo para insertarse y explotar las ventajas de la economía mundial

La economía mundial abre una serie de oportunidades que requieren que los países se especialicen en aquello donde tienen ventajas comparativas (Smith, Ricardo); sin embargo, las ventajas competitivas (Porter) implican otra serie de elementos como educación, vías, conocimiento, telecomunicaciones, puertos eficientes, etc.

Los cuatro tigres asiáticos incrementaron sus exportaciones de US $4.6 billones en 2000, a US $715 billones en 2004. En los años en que se registraron caídas en los precios de sus *commodities* los ingresos no se afectaron por cuanto los volúmenes en ventas crecieron drásticamente.

Hay un principio o una conclusión que sale del análisis de los trece países: en ningún caso la demanda doméstica es lo suficientemente grande para mantener un crecimiento sostenido. En los países más pobres los mercados son más pequeños y las demandas menos elásticas en la mayoría de los productos.

En estas situaciones de pequeños mercados se limita la especialización y la producción a gran escala, y por ende el empleo. Parecería que la pobreza llamara más pobreza.

Existe una premisa: "El Gobierno provee el ambiente para el crecimiento, pero es el sector privado el que invierte y crea riqueza para la gente", Goh Chok Tong citado por Wolf.

Los mercados son una parte necesaria de la estructura económica en orden a alcanzar crecimientos sostenidos.

En China Hong Kong, la administración permitió el libre movimiento de los mercados y fue famoso el *laissez faire*. Otros gobiernos fueron más mano suelta reduciendo impuestos, subsidiando el crédito, direccionando los créditos y otras medidas. Todo ello encaminado a descubrir y direccionar las ventajas comparativas.

En los periodos de crecimiento es importante dejar que los recursos se muevan libremente de sector en sector, de industria a industria, de forma tal que se vayan asignando donde sean más productivos.

La movilidad de los recursos fue una característica en los trece países. En Malasia, por ejemplo, la proporción del empleo rural bajó del 40% en 1975, al 15% en 2000. Solamente un cuarto de la población vivía en las ciudades en 1957, año de su independencia, y en 2005 el 63% vivía en las urbes. Este cambio en la distribución de la población campo-ciudad implica para los países grandes transformaciones en lo político, económico y social, lo cual amerita planificación de largo plazo.

6. Abrirse al nuevo conocimiento

Este es quizás el aspecto en que más han trabajado varios de los países de la muestra. Uno de los ejemplos a tener en cuenta es el caso de Taiwán, una nación con un área equivalente al 3% de la colombiana, y que en las décadas de los años cincuenta y sesenta tenía una economía tradicional (bicicletas, sombrillas y juguetería), pero entendió que si seguía por ese camino su futuro era incierto, y decidió poner los ojos en el conocimiento e invertir parte importante de los recursos en ciencia y tecnología, crear centros tecnológicos de primera generación y preparar al más alto nivel a sus conciudadanos. Ello le ha permitido pasar en treinta años de economías primarias y artesanales, a ubicarse en el top como productores de *chips*, pantallas planas y otra serie de elementos de alta demanda por las industrias de todo el mundo, que lograron que ese país, en el 2008, fuera la economía número 24 del mundo, la exportadora 17 y la importadora 18 en todo el planeta. Es importante indicar que las exportaciones de Taiwán son superiores al PIB colombiano en algo así como US $100.000 millones (dólares de 2008).

Anexo B
Comparación de algunos productos del agro entre los Estados Unidos, Colombia, Ecuador y Perú

Maíz

Producción de maíz en Colombia, Ecuador y Perú (miles de tm)

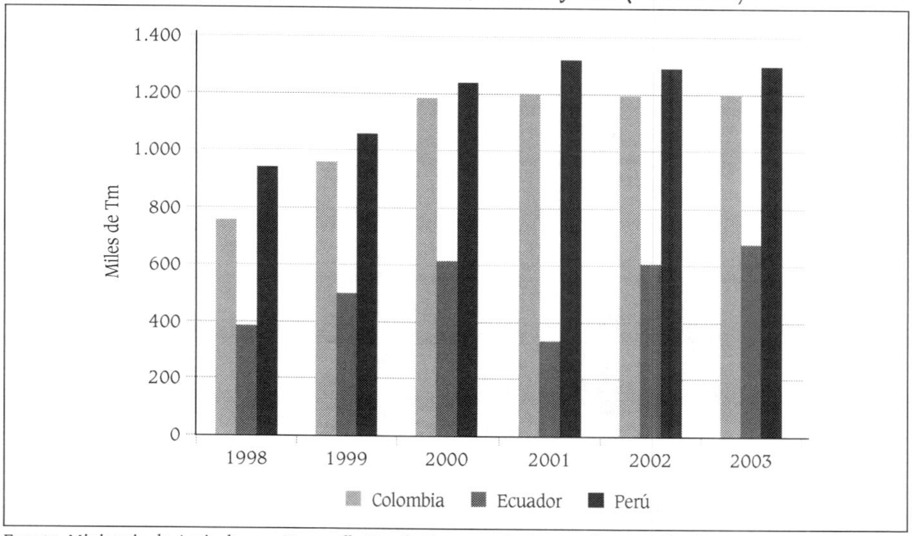

Fuente: Ministerio de Agricultura y Desarrollo Rural. Observatorio Agro-cadenas, Colombia.

Producción de maíz total Colombia, Ecuador y Perú vs. EE.UU. (miles de tm)

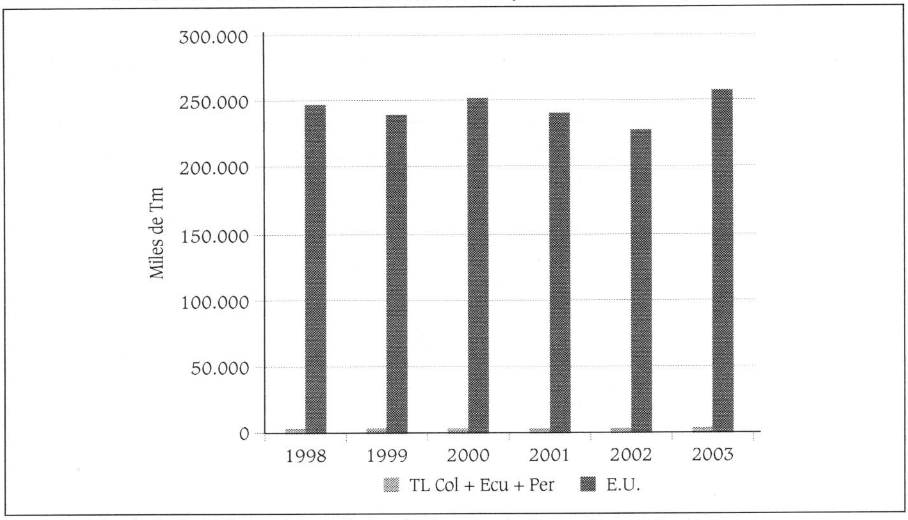

Fuente: Ministerio de Agricultura y Desarrollo Rural. Observatorio Agro-cadenas Colombia.

Maíz: balanza comercial para Colombia (miles de tm), 1997-2002

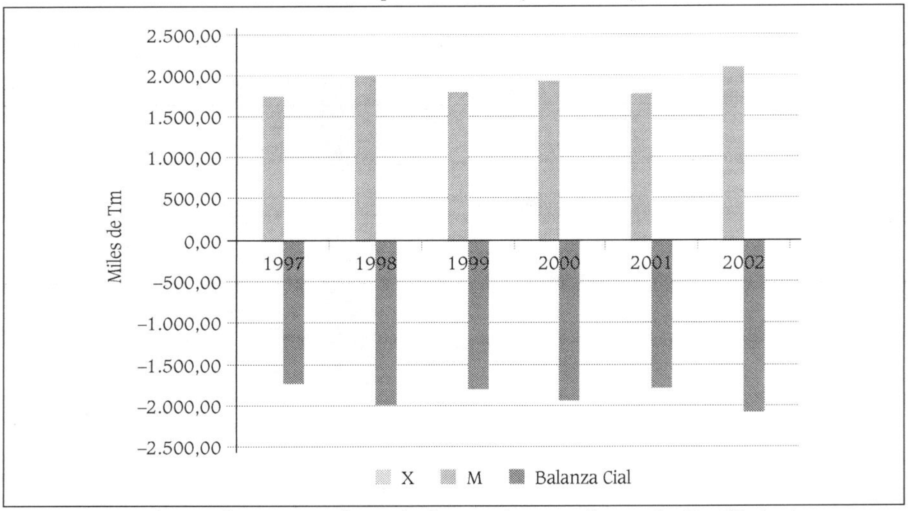

Fuente: Ministerio de Agricultura y Desarrollo Rural. Observatorio Agro-cadenas Colombia. Cálculos Autores.

Sorgo

Producción de sorgo en Colombia, Ecuador y Perú (miles de tm)

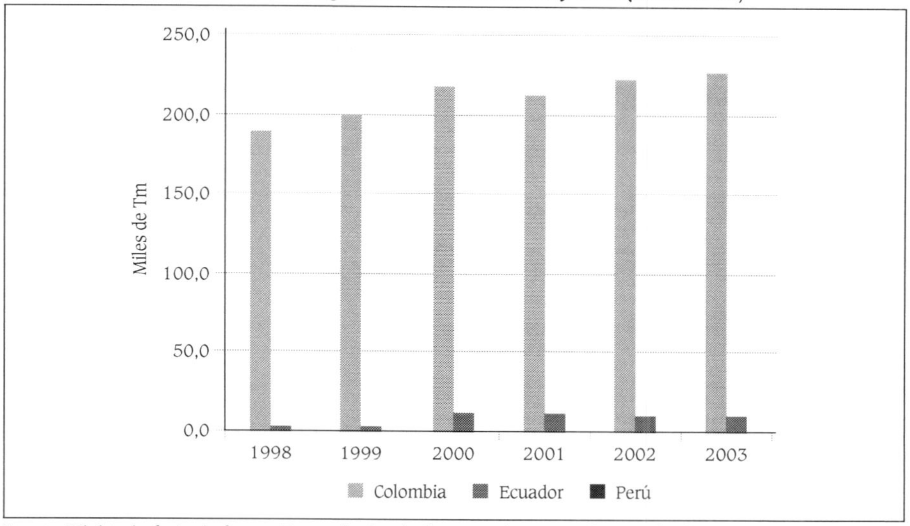

Fuente: Ministerio de Agricultura y Desarrollo Rural. Observatorio Agro-cadenas Colombia. Cálculos Autores.

Producción de sorgo total Colombia, Ecuador y Perú vs. EE.UU. (miles de tm)

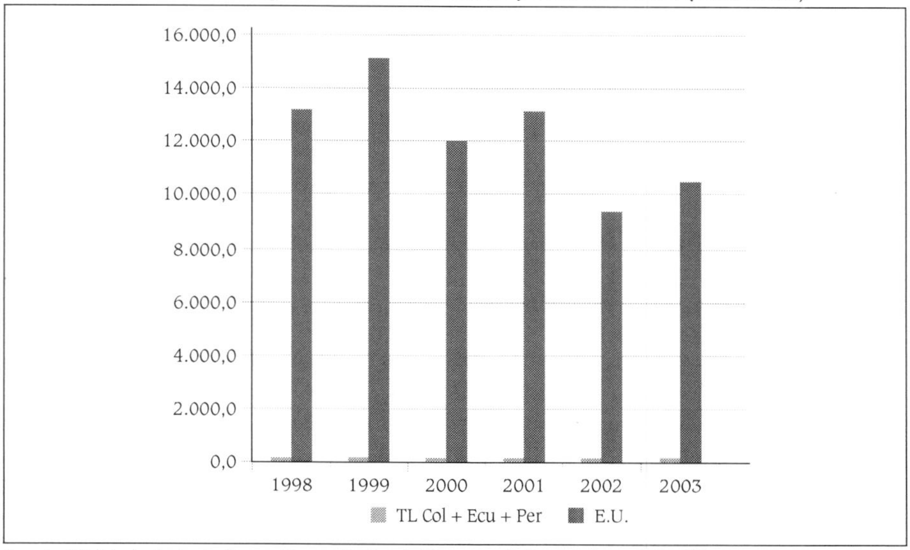

Fuente: Ministerio de Agricultura y Desarrollo Rural. Observatorio Agro-cadenas Colombia.

Sorgo: balanza comercial para Colombia (miles de tm), 1997-2002

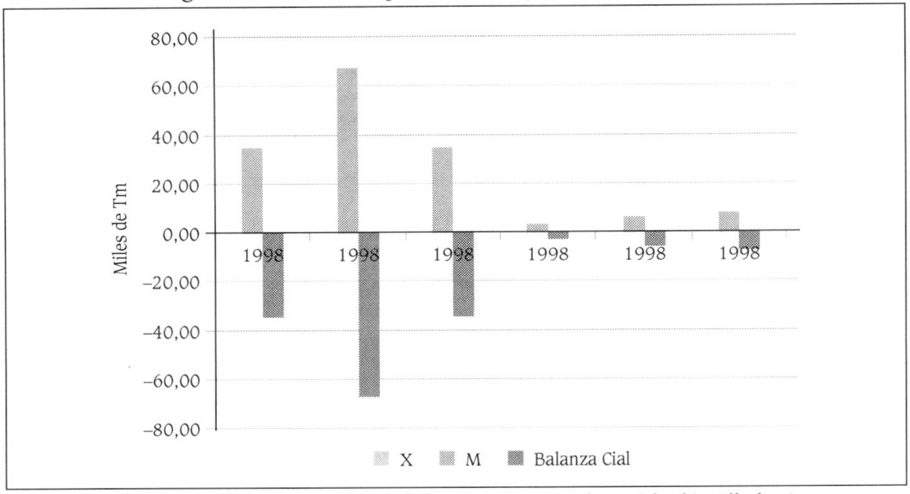

Fuente: Ministerio de Agricultura y Desarrollo Rural. Observatorio Agrocadenas Colombia. Cálculos Autores.

Leche

Producción de leche en Colombia, Ecuador y Perú vs. EE.UU. (miles de tm)

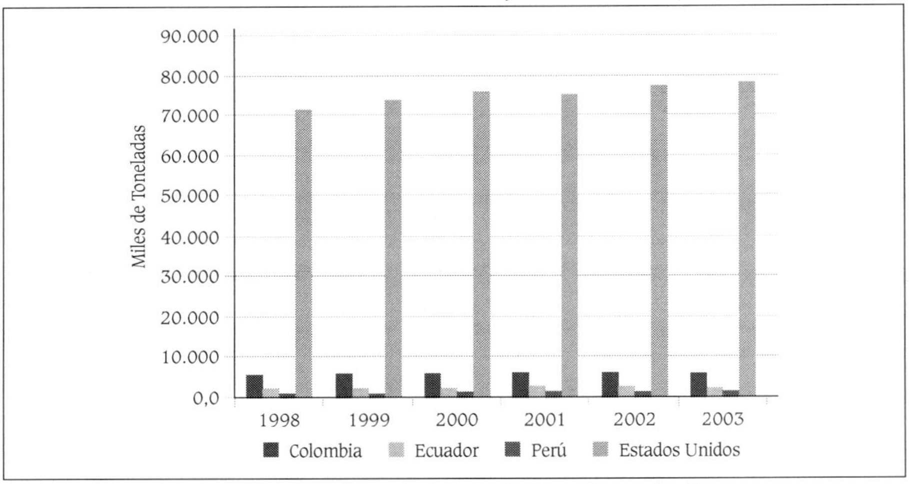

Fuente: Ministerio de Agricultura y Desarrollo Rural. Observatorio Agro-cadenas Colombia.

Leche: balanza comercial para Colombia (miles de tm), 1997-2002

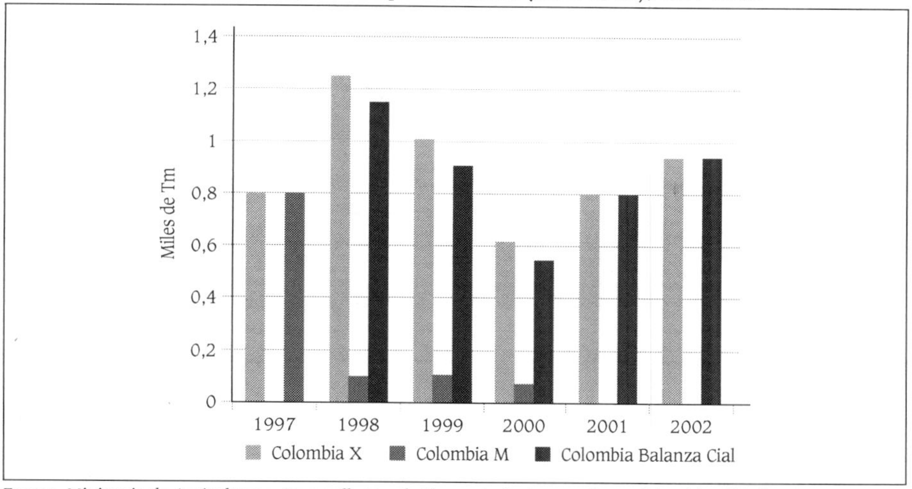

Fuente: Ministerio de Agricultura y Desarrollo Rural. Observatorio Agro-cadenas Colombia. Cálculos Autores.

Carne de pollo

Producción de carne de pollo en Colombia, Ecuador y Perú vs. EE.UU. (miles de tm)

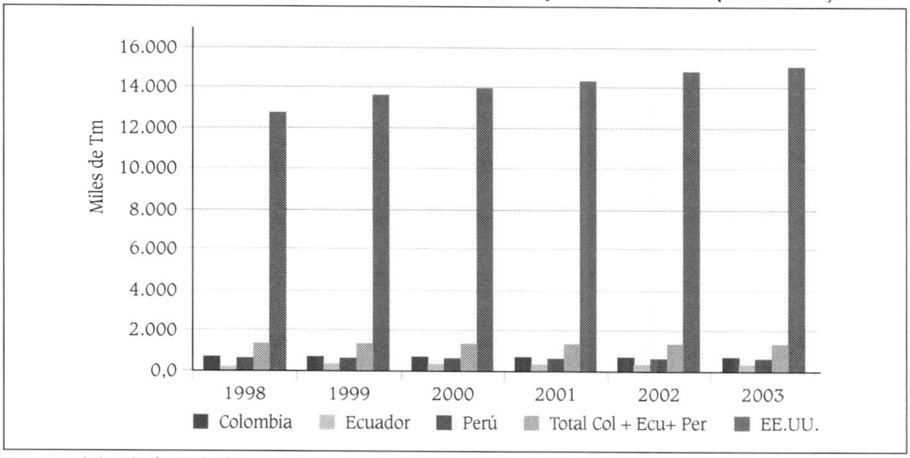

Fuente: Ministerio de Agricultura y Desarrollo Rural. Observatorio Agro-cadenas Colombia. Cálculos Autores.

Carne de pollo: balanza comercial para Colombia (miles de tm), 1997-2002

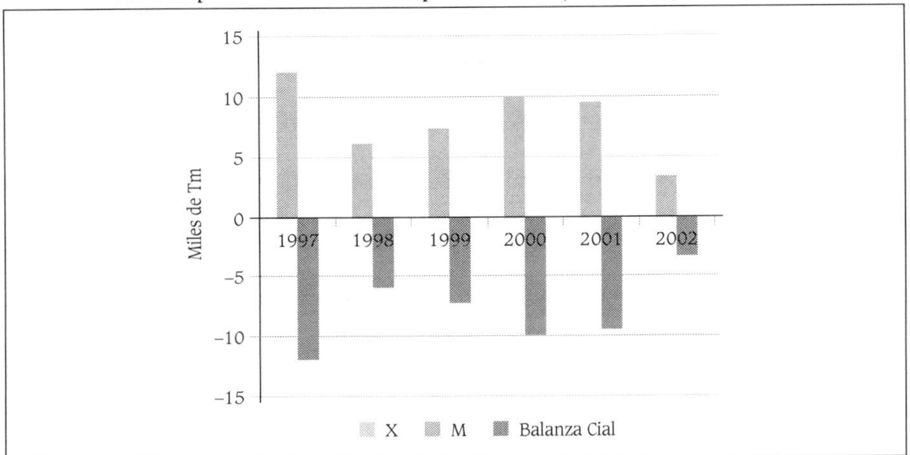

Fuente: Ministerio de Agricultura y Desarrollo Rural. Observatorio Agro-cadenas Colombia. Cálculos Autores.

Carne de cerdo

Producción de carne de cerdo en Colombia, Ecuador y Perú (miles de tm)

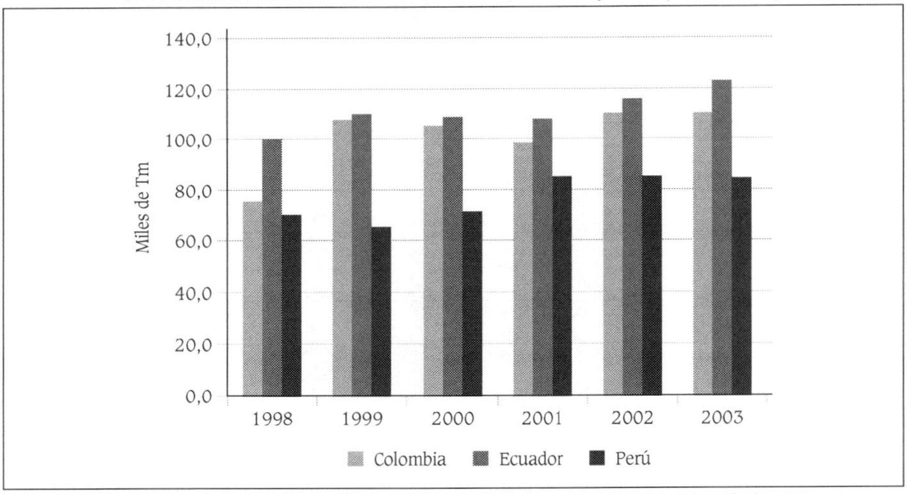

Fuente: Ministerio de Agricultura y Desarrollo Rural. Observatorio Agrocadenas Colombia. Cálculos Autores.

Producción de carne de cerdo total Colombia, Ecuador y Perú vs. EE.UU. (miles de tm)

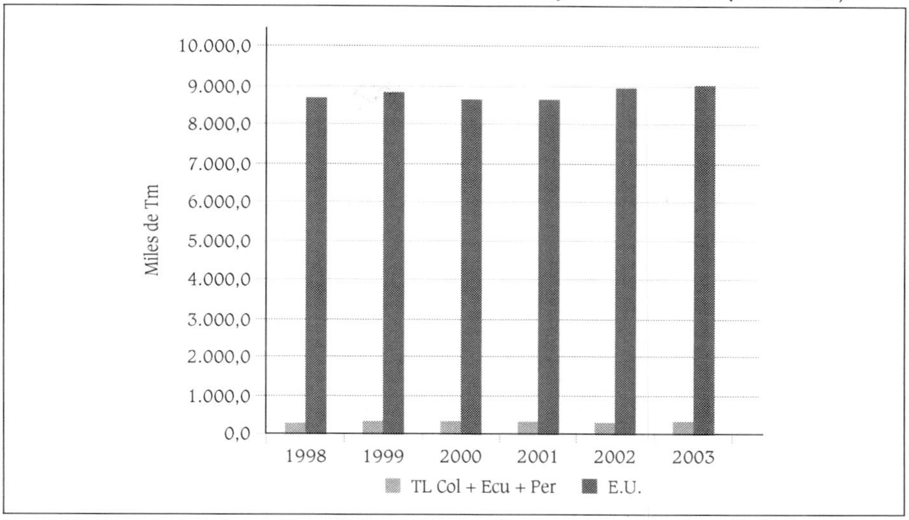

Fuente: Ministerio de Agricultura y Desarrollo Rural. Observatorio Agro-cadenas Colombia. Cálculos Autores.

Carne de cerdo: balanza comercial para Colombia (miles de tm), 1997-2002

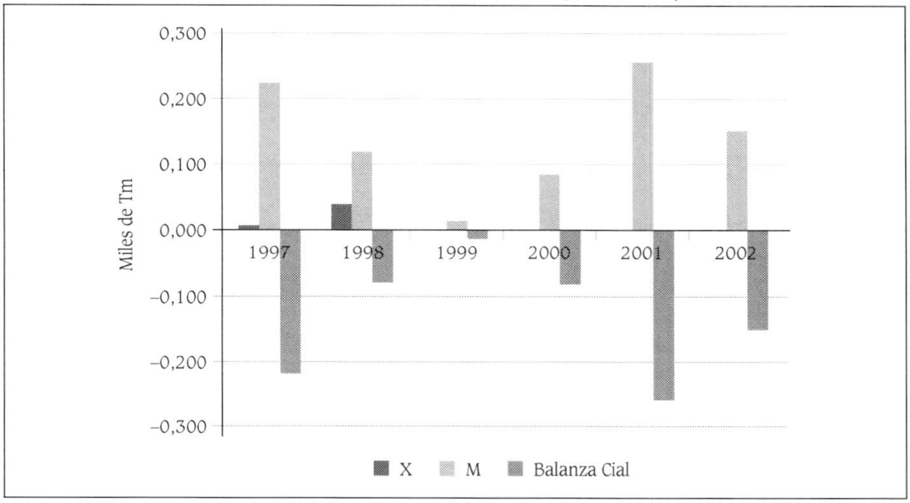

Fuente: Ministerio de Agricultura y Desarrollo Rural. Observatorio Agro-cadenas Colombia. Cálculos Autores.

Este libro fue compuesto en caracteres
Caxton 10 puntos, impreso sobre
papel propal de 70 gramos y encuadernado
con método Hot Melt, en el mes de diciembre de 2010,
en Bogotá, D.C., Colombia

Made in the USA
Monee, IL
18 October 2026

66035458R00106